René Schweizer
Ein Schweizerbuch
Band 2

D1727511

ISBN 3-7264-0002-8

René Schweizer, Oberst n.g.*
Ein Schweizerbuch
Band 2

1. Auflage

René Schweizer

Bärenfelserstrasse 36, CH-4057 Basel

*n. g. = nie gewesen

pssst: Im Pyjama
    durch Alabama!

Umschlag: Hannes Huber

RENÉ SCHWEIZER

UNTERNEHMER IN SACHEN HUMOR UND ANGEWANDTER PHILOSOPHIE

              Herrn Dr. hc Franz-Josef Strauss
              Ministerpräsident des Freistaates
              Bayern
              Prinzregentenstrasse 7
    D-8000 M ü n c h e n 22

    Basel, den 6. Juni 1980

Sehr geehrter Herr Ministerpräsident,

für den Fall Ihrer Wahl zum Bundeskanzler helfe ich Ihnen gegen eine Aufwandsentschädigung von einer Million Mark, Deutschland zu regieren.

              Viel Glück und herzliche Grüsse

              _____
                    René Schweizer

Oetlingerstrasse 153 - CH-4057 BASEL - Tel. 061/26 79 02
Postcheckkonto 40 - 69267
Bank: Schweizerische Bankgesellschaft Basel (Filiale Claraplatz)

Dr. h. c. Franz Josef Strauß
Bayerischer Ministerpräsident
BMPr. - He

8000 München 22 **2 0. AUG. 1980**
Prinzregentenstraße 7
Tel. 216 51 · FS 23809

421

Herrn
Renê Schweizer
Oetlingerstr. 153

CH-4057 Basel

Sehr geehrter Herr Schweizer!

Sie sind für mich und die Bundesrepublik Deutschland
unbezahlbar. Vielleicht sieht sich aber eines der
reichen Ölländer in der glücklichen Lage, Ihre Dienste angemessen honorieren zu können. Bei der Vermitt-
lung von Anschriften bin ich Ihnen bei Bedarf gerne
behilflich.

Mit freundlichen Grüßen

6

RENÉ SCHWEIZER

UNTERNEHMER IN SACHEN HUMOR UND ANGEWANDTER PHILOSOPHIE

An den Bundespräsidenten
der Schweizerischen Eid-
genossenschaft

B e r n

Basel, den 25. März 1980

Sehr geehrter Herr Bundespräsident,

für eine Million Franken Honorar pro Jahr helfe ich Ihnen, die
Schweiz zu regieren.

Mit freundlichen Grüssen

René Schweizer

Oetlingerstrasse 153 - CH-4057 BASEL - Tel. 061/26 79 02
Postcheckkonto 40 - 69267
Bank: Schweizerische Bankgesellschaft Basel (Filiale Claraplatz)

3003 Bern, 31. März 1980

Herrn René Schweizer
Oetlingerstrasse 153

4057 B a s e l

Sehr geehrter Herr Schweizer,

Ich habe Ihre freundliche Offerte erhalten, laut welcher Sie
mir für 1 Million Franken im Jahr helfen wollen, die Schweiz
zu regieren. Mir persönlich genügen Fr. 200'000.--, eine
Million wäre mir zuviel.

Mit freundlichen Grüssen

G.-A. Chevallaz

René Schweizer

Amt für Ausbildungsbeiträge
                        Münzgasse 16
            4001   B a s e l

                        Basel, den 12. März 1981

Sehr geehrte Herren,

ich möchte gern in einem Puff in Deutschland Bumsen lernen.
Können Sie mir zu diesem Zweck bitte ein Stipendium geben?

Mit bestem Dank und freundlichen Grüssen

                                        Ihr

                        René Schweizer

Amt für Ausbildungsbeiträge

Münzgasse 16
Postfach 890
4001 **Basel**
Tel. 061 25 89 68

Sprechstunden:
Montag, Mittwoch, Freitag
8–11 + 14–16 Uhr

den 17. März 1981

Herrn René Schweizer
Auf der Lyss 20

4051   B a s e l

Verfügung betr. Ausbildungsbeiträge
vom 17.3.81.

Leider müssen wir Ihnen mitteilen, dass Ihre Anmeldung für Stipendien abgelehnt werden musste.
Für diesen Entscheid waren folgende Gründe massgebend.

Es handelt sich bei der von Ihnen gewählten Tätigkeit nicht um
eine Berufsausbildung im Sinne von § 9 der Vollziehungsverordnung
vom 9.1.1968 zum Gesetz betreffend Ausbildungsbeiträge vom
12.10.1967. Die Tätigkeit, die aufgrund der von Ihnen gewünschten
Ausbildung getätigt werden kann, führt nicht zu einer Erwerbstätig-
keit und gilt deshalb nicht als Beruf. Ausserdem kann die von Ihnen
gewünschte Tätigkeit nicht im Rahmen einer Schule oder eines Lehr-
verhältnisses erlernt werden, sodass es sich nicht um eine anerkannte
Ausbildung handelt.

Die von Ihnen gewünschte Tätigkeit ist nicht eine Vollzeit-Beschäf-
tigung und muss deshalb als berufsbegleitende bezeichnet werden. Sie
ist aus diesem Grunde nicht stipendienberechtigt.

Wir bedauern sehr, Ihnen keinen bessern Bescheid geben zu können. Es bleibt Ihnen der Nachweis verän-
derter Verhältnisse vorbehalten, die eine Beitragsbewilligung bedingen könnten.

Bei einer Ablehnung infolge der finanziellen Verhältnisse Ihrer Eltern kann Ihnen das Amt die genaue
Ausrechnung vorlegen, sofern Sie eine Vollmacht Ihrer Eltern zur Bekanntgabe ihrer Steuerzahlen beibringen.

Mit freundlichen Grüssen
Amt für Ausbildungsbeiträge
Vorsteher

Rechtsmittelbelehrung:
Gegen diese Verfügung kann an die **Kommission für Ausbildungsbeiträge** (Sekretariat: Münzgasse 16,
Postfach 890, 4001 Basel) rekurriert werden. Der Rekurs ist **innert 10 Tagen** seit Eröffnung der Verfügung
bei der Rekursinstanz anzumelden; innert 30 Tagen, vom gleichen Zeitpunkt an gerechnet, ist die Rekurs-
begründung einzureichen, welche die Anträge und deren Begründung mit Angabe der Beweismittel zu
enthalten hat (§ 21 des Gesetzes betr. Ausbildungsbeiträge vom 12.10.67 und §§ 38 ff des Gesetzes betr. die
Organisation des Regierungsrates und der Verwaltung des Kantons Basel-Stadt vom 22.4 76).

2000 1. 80

10

4. Mai 1980

● René Schweizer, «Unternehmer in Sachen Humor und angewandter Philosophie», plant zusammen mit Modefotograf Onorio Mansutti ein neues Buch. Er will herausfinden, was die Schweizer am meisten ärgert.

RENÉ SCHWEIZER

UNTERNEHMER IN SACHEN HUMOR UND ANGEWANDTER PHILOSOPHIE

H.R. Giger
Grubenackerstrasse 5
8052   Z ü r i c h

Basel, den 21. April 1980

Sali Hansruedi,

zunächst einmal allerherzlichste Gratulation zu Deinem Oscar-
Gewinn. Das ist wirklich eine fabelhafte Sache, und es freut
mich nicht zuletzt deshalb, weil Du damit dem etablierten
Kunstbetrieb der staatlichen Institutionen eins ausgewischt
hast.

Ich bereite im Augenblick eine neue Publikation vor. Und zwar
handelt es sich darum, herauszufinden, was uns Schweizer an
unserem Land am meisten ärgert. Ich wäre Dir deshalb sehr dankbar, wenn Du mir in den nächsten Tagen mit ein paar Zeilen die
Frage "Was ärgert Dich am meisten in der Schweiz" beantworten
könntest.

Ich danke Dir im voraus für Deine Mühe und grüsse Dich herzlich

Oetlingerstrasse 153 - CH-4057 BASEL - Tel. 061/26 79 02
Postcheckkonto 40 - 69267
Bank: Schweizerische Bankgesellschaft Basel (Filiale Claraplatz)

René Schweizer
Oetlingerstrasse 153

4057 Basel

Zürich, den 1. Mai 1980

Sali René,

besten Dank für Deinen Brief vom 21. April. Leider komme ich

erst heute dazu ihn zu beantworten, denn der Rummel um Oscar

hat mich wieder Zeit gekostet. Freuen tut er mich natürlich

trotzdem und zwar genau aus dem Grund-IHNEN eines ausgewischt

zu haben.

Nun zu Deiner Frage: Ich ärgere mich über diejenigen, die mich

zeitlebens konsequent ignoriert haben und jetzt, nach der Sache

mit Oscar mich einen derIHREN nennen. Pfui Teufel. Hier scheint

ein Rückenleiden zu grassieren. Alle haben kein Rückgrat. Das

ist eigentlich das, was mich im Augenblick am meisten stört.

Sonst ist es mir nämlich ziemlich wurscht was Sie von mir

halten und reden. Ich übe immer noch fleissig am "total wurscht"

und wenn die internationale Presse so weiter macht muss ich

mir das anerzwingen, ansonsten ich augenblicklich über all

die erdichteten und erstunkenen Sachen keine Luft mehr bekommen

könnte und dies wäre mein sicherer Tod.

Wenn Dir mein momentanes, grösstes Aergernis spektakulär genug

ist so kann O. Mansutti davon auch ein paar Schnappschüsse

machen.- aber bitte sehr lässig und human, denn ich bin vom

posieren für Fotografen und deren Arbeitgeber leicht übersättigt.
Für die nahe Zukunft muss es wieder einmal nur Spass machen, denn
das ewige Müssen müssen ist gar nicht mein Stil.

Also, bis dann

(Legislative)

P.S. In unserem Lande ärgert mich eigentlich Verschiedenes aber nicht
immer gleich stark. Darum lege ich meine Gründe zum Ärgern in die
linke Schublade und ärgere mich nur nach Notwendigkeit. Ueber
staatlich beschlossene Aergernisse ärgere ich mich aus Rücksicht
auf mich selbst nur noch in Massen, denn es nützt mir gar nichts
und der Weg bis zur letzten Instanz ist mir zu lang und zu blöd.
Ich hätte ja keine Zeit mehr zum Malen.

P.S. Mir ist eben noch ein permanenter Aergerungsgrund eingefallen.
Darüber ärgere ich mich eigentlich täglich und deshalb habe ich
schon daran gewöhnt, so - dass es schon fast ein Zustand geworden
ist. Ich ärgere mich darüber, dass jeder Schweizer dem Irrtum
unterliegt einer Lehrer oder ein kleiner Polizist zu sein. Ausnahmen bestätigen natürlich die Regel. Leute, die einem in eine
Norm zwingen wollen die landesüblich und somit richtig ist.
Man trägt nur Schwarz wenn man etwas auf dem Kerbholz oder Je-
manden zum beerdigen hat.
Man hat bei Tag keine geschlossenen Fensterläden und es ist
eine Schande dem natürlichen Wuchs der Natur im eigenen Garten
keinen Einhalt (mit der Schere und dem Rasenmäher) zu gebieten.
Am allermeisten jedoch ärgert mich in der Schweiz, dass ich
mich über all diesen Mist ärgere und drum üben, üben, üben.

(Exelcutive)

ERICH VON DÄNIKEN

4532 Feldbrunnen/SO, 28. April 1980
Baselstrasse 10
Telefon 065/23 11 13

Herrn
René Schweizer
Oetlingerstr. 153

4057 B A S E L

Sehr geehrter Herr Schweizer,

Zu Ihrer Anfrage: es gibt viel, was mich ärgert, doch glückli-
cherweise mehr, was erfreut.

Zum Aerger gehören die Geschwindigkeitsbeschränkungen auf Auto-
bahnen und die ewigen Blockierer, Kriecher, die partout nicht
von der linken Fahrbahnhälfte weichen. Zum Aerger zählt auch
eine gewisse Schizophrenie in Finanzdingen. Bund, Kantone, ge-
meinnützige Organisationen jammern über die Löcher in ihren
Kassen. Gleichzeitig tragen Schweizer und Touristen jährlich
Hunderte von Millionen Franken in die Spielbanken rings um unser Land. Wieso machen wir das nicht selbst? Da das Casino immer gewinnt, wäre der Staat stets dabei. Moralische Entrüstun-
gen sind aus zwei Gründen fehl am Platz: die Spieler spielen
sowieso, ob anderswo oder bei uns, und der Staat verdient auch
an anderen, 'unmoralischen' Dingen kräftig mit. Tabak, Alkohol,
Benzindunst, etc.

Aergerlich schliesslich sind auch die unzähligen Krämerseelen,
die stets mit Mahnfinger und vorwurfsvollem Blick dagegen sind.
Gegen fast alles.

Mit freundlichen Grüssen

Ihr

Erich von Däniken

NATIONALRAT
CONSEIL NATIONAL
CONSIGLIO NAZIONALE
Helmut Hubacher

Herrn
René Schweizer
Oetlingerstrasse 153

4057 BASEL

Basel, den 25. August 1980H/m

Sehr geehrter Herr Schweizer,

aus einem Versehen antworte ich auf Ihre Anfrage vom
17. Mai 1980, was mich in der Schweiz am meisten ärgert,
erst heute. Meine Antwort:

Alles flucht über das Militär, aber die meisten gehen in
den Dienst; viele sagen zur Politik: "In der Schweiz wird
zuviel Rösti mit Bratwurst gegessen. Mit dem Röstibauch
fluchen alle über das Militär, gehen aber gerne in den
Dienst oder meinen zur Politik 'das hat ja doch keinen
Sinn' und lassen die Falschen machen, um nachher wiederum
zu fluchen, was alles falsch gemacht worden sei. Das
ärgert mich".

Vielleicht komme ich trotzdem nicht zu spät und verbleibe

mit freundlichen Grüssen
i/A des abwesenden Helmut Hubac

Doris Moning

Polo Hofer
Kirchbühlweg 29
Bern

René Schweizer
Oetlingerstr. I53

4057 Basel
==========

3007 Bern, I6. April I980

Sali René,
Dank für den Brief. Deine Frage ist typisch schweizerisch. Die meisten
Schweizer haben manchmal ein schlechtes Gewissen, weil es ihnen zu gut
geht und dann suchen sie nach etwas, das Ihnen nicht passt, einen Grund
für den Anschiss in ihrem Lebensraum. Was fällt einem hier am meisten
auf den Wecker? So fragen sie, damit sie auch etwas Schlechtes haben und
nicht nur die andern draussen in der Welt, denen es wirklich schlecht
geht. Viele Schweizer haben deshalb nicht viel zu lachen. Viele haben
sogar Komplexe. Sie machen oft ein trauriges Gesicht auf der Strasse
und sogar die Jungen machen einen Stein und sind überhaupt zu. Wenn ich
das amigs sehe, macht es mich fix und foxi. Ehrlich.
     Auch ich werde ab und zu von diesem bedenklichen Zu-stand befallen,
dann scheisst mich vieles an, aber fast am meisten, dass die Beizen so
früh schliessen. Und die, wo länger offen sind sind grade die teuersten.
Da bekomme ich dann erst recht den Blues, obschon ich eigentlich lieber
den Boogie hätte. Will ich daher nach hause gehn, regnet es meistens oder,
noch schlimmer, es schneit wie eine Mohre und ein Taxi kommt auch nie.
Ueberhaupt das Klima ist einfach too much. Also, ich finde schon, dass man
da etwas machen sollte, dann wären die Leute auch aufgestellter.Vielleicht
könnte man bei der UNO eine Bewilligung zur Erdachsenverschiebung kaufen
oder so. Nicht so gut dünkt mich auch, dass es viel mehr Tannen hat als
Kokospalmen, weil ich so gerne Coco Loco trinke und auch, dass wir immer
ins Ausland müssen für das Meer zu sehen.
     Zum Glück sind die Frauen ziemlich hübsch hier, obschon sie traurig
sind. Da kommt mir in den Sinn, dass ich ja ein Randeewuh mit meiner Süssen
habe. Sie steht drauf, mir sich mit mir in eine andere Welt zu bummsen.
Drum mach ich einen Punkt.

                         Viele Grüsse

KARIKATURIST · GRAFIKER

Herrn
René Schweizer
Oetlingerstr.153
4057 B a s e l

Altkircherstrasse 17
4000 Basel
Telefon 38 61 90

HANS GEISEN
Bienenstrasse 9
4104 Oberwil
Tel. 061/ 30 30 66

1.5.8o

Sehr geehrter Herr Schweizer,

vielen Dank für Ihren freundlichen Brief vom 26.4.8o.

Hier meine "Stellungnahme":

Ich ärgere mich,dass ich(obwohl ich seit 13 Jahren in der
Schweiz lebe) noch viele Jahre warten muss,bis ich Schweizer
werden kann,weil ich nach neun Jahren den Kanton bzw.die Gemeinde
gewechselt habe(Von BS nach BL).Wenn ich es erlebe,Schweizer zu
werden,werde ich sagen,was mich an der Schweiz ärgert.

Bis dahin grüsst Sie sehr herzlich

Ihr

Hans Geisen

Anlage: 1 Zeichnung

Schweizerische Bankgesellschaft, Basel, Konto-Nr. 616 101 01 U
Postcheckkonto-Nr. 40-147 97

Jürg Haller   Baden, den 30. April 1980
Redaktor
Eulenweg 9
5400 Baden

Herrn

René S c h w e i z e r

Oetlingerstrasse 153

4057   B a s e l

Lieber Herr Schweizer,

hier meine - infolge Ferien verspätete - Antwort
auf Ihre Frage:

"Ich ärgere mich oft darüber, dass man in der
Schweiz über alles und jedes schimpft. Dabei geht
es uns doch so gut. Warum also immer alles in Frage
stellen? Ich weiss: Ueber meine Antwort werden sich
so und so viele Leute ärgern - sollen sie! Aber
ich werde mich deswegen sicher nicht ärgern."

Ich wünsche Ihnen mit Ihrem neuen Buch viel Erfolg.

Mit herzlichen Grüssen

Ihr Jürg Haller

AG für Presseerzeugnisse

CH-8021 Zurich   Tel. 01 - 259 62 62
Dufourstrasse 23   Telex 55 388

Herrn
René Schweizer
Oetlingerstrasse 153

4057 <u>Basel</u>

Datum   18. April 1980   Redaktion
Ihr Zeichen
unser Zeichen

Lieber Herr Schweizer

Kürzlich sagte mir der Schauspieler Gustav Knuth (79),
seit einem guten Dutzend Jahren Zürcher Bürger, in einem
Interview: "Ich liebe die Schweiz, weil hier Milch und
Honig fliessen." Er verschwieg, dass wir selber die Bie-
nen sind.

Eben: dass wir zwar über technisch hochstehende Arsenale,
Computer und Roboter verfügen, die angeblich zur Entla-
stung der geplagten Menschen angeschafft werden, aber
stattdessen immer nur die Produktion angekurbelt wird
- das ist es, was mich in unserm Land am meisten ärgert.

Wir arbeiten nach wie vor, bis uns die Zunge zwischen
den Knöcheln hängt. Wir sind kein Schlaraffenland!

Herzlichst
Ihr

Freddy Rohrer
Chefreporter BLICK

RINGIER

Verlag:
CH-8008 Zurich
Dufourstrasse 23
Tel. 01 - 259 62 62

Sehr geehrter Herr Schweizer,

Sie möchten gerne wissen,
was mich am meisten in
unserem Land ärgert!

Also:

Die Leute. Sie sind stur, unehrlich,
vor allem sich selbst gegenüber,
und das Schlimmste,
„der Schweizer hat keinen Humor!"

Sicher trifft das nicht auf alle
Leute, aber normalerweise ist es
so.

Freundliche Grüsse

Monika Kaelin

PENTHOUSE

JÜRG MARQUARD

Zürich, 29. April 1980

Herrn
René Schweizer
Unternehmer in Sachen Humor
und angewandter Philosophie
Oetlingerstrasse   153

4057   B a s e l

_____

Sehr geehrter Herr Schweizer,

herzlichen Dank für Ihre Zeilen vom 14. April 1980
und die sehr interessante Fragestellung. Spontan
beantwortet - was ärgert mich am meisten in unserem
Land ? Ja - dass es sage und schreibe 5'325'900
Schweizer - aber leider nur einen René Schweizer
gibt. Und das ärgert mich echt !

Mit herzlichen Grüssen
Einer von 5'325'900

Ihr

Jürg Marquard

PRESSESERVICE
WOPE-VERLAGS AG, BINZSTR. 15, POSTFACH, 8021 ZÜRICH
TELEFON 0041-1-664444
TELEX 59452

René Schweizer

Herrn Regierungsrat
Arnold Schneider
Erziehungsdepartement
Münsterplatz 2

4000 B a s e l

Basel, den 20. Februar 1982

Sehr geehrter Herr Regierungsrat,

ich habe in Künstlerkreisen gehört, Sie seien ein Idiot.
Ist das wahr?

Mit bestem Dank und freundlichen Grüssen

RENÉ SCHWEIZER
genannt: DER KATER KARLO
Auf der Lyss 20
CH-4051 Basel

Sehr geehrter Herr   René Schweizer

Ob es wahr ist, dass Sie
in Künstlerkreisen gehört
haben, ich sei ein IDIOT,
weiss ich nicht.
Hingegegen müssen Sie es
wissen, sodass ich nicht
verstehe, warum Sie mich
fragen.
Mit geziemenden, freund-
lichen Grüssen

Herrn Regierungsrat
Arnold Schneider
Erziehungsdepartement
Münsterplatz 2

4000   B a s e l

Basel, den 20. Februar 1982

Sehr geehrter Herr Regierungsrat,

ich habe in Künstlerkreisen gehört, Sie seien ein Idiot.
Ist das wahr?
Mit bestem Dank und freundlichen Grüssen

RENÉ SCHWEIZER
genannt: DER KATER KARLO
Auf der Lyss 20
CH-4051 Basel

René Schweizer

Herrn Regierungsrat
Arnold Schneider
Erziehungsdepartement
Münsterplatz 2

4000   **B a s e l**

Basel, den 9. März 1982

Sehr geehrter Herr Regierungsrat,

ich danke Ihnen für Ihre unkonventionelle Antwort vom 23. Februar.

Falls Sie kein Briefpapier haben, können Sie mir das ruhig sagen. Ich mache gerne eine Sammlung. Sagen Sie mir bloss, was drauf stehen muss.

Zu Ihrer Unsicherheit darüber, ob ich in Künstlerkreisen gehört habe, Sie seien ein Idiot, kann ich Sie beruhigen. Ich kenne verschiedene Leute hier in Basel, die so von Ihnen denken. Aber das ist ja egal.

Mir ging es einzig darum, von Ihnen zu erfahren, ob diese Behauptung stimmt oder nicht.

Von mir zum Beispiel wird behauptet, ich sei wahnsinnig und das stimmt tatsächlich. Ich wurde es während meiner zwölfjährigen Schulzeit hier in Basel. Vorher war ich "normal" wie jedes Kind.

Jetzt muss ich das Beste aus meinem Zustand machen. Aber wie Sie sehen, kann man sich auch als Wahnsinniger durch das Leben schlagen.

Ich wünsche Ihnen beruflich weiterhin viel Erfolg und gute Gesundheit.

Mit herzlichen Grüssen

Briefeschreiber René Schweizer an die Staatsadresse:

Seit 1968 wenig gelernt

Was in keinem Gesetzbuch steht, kann in der ordentlichen Stadt Basel auch nicht sein. Auf das Nein der Behörden für eine Gemeinschaftsküche auf dem Bärenfelser-Areal reagierte René Schweizer nun mit einem geharnischten Brief.

ub. Basel. In der Bärenfelser-Wohnstrasse sollte im sogenannten «Areal» für alle Mieter und Untermieter eine Gemeinschaftsküche und Kantine eingerichtet werden. Was da geplant wurde, ist in keinem Gesetz beschrieben, deshalb haben die Initianten vom Polizeidepartement nun einen abschlägigen Bescheid erhalten.

René Schweizer, bekannter Briefeschreiber («Ein Schweizerbuch») und Mieter eines Ateliers im «Areal», reagierte prompt mit einem Brief an Departementsvorsteher Karl Schnyder:

«Als Zugehöriger zu jener Generation, welche in den sechziger Jahren am Sinn der Institutionen zu zweifeln begonnen und gegen das etablierte Idiotentum rebelliert hat, bin ich erstaunt, wie wenig die Staatsmacht aus den Impulsen jener Jahre gelernt hat. Hätte man damals von seiten der Staats-macht daran gedacht, dass die Idee des demokratischen Staates aus dem Wunsche heraus konzipiert wurde, das Zusammenleben der Menschen organisatorisch so in den Griff zu bekommen, dass der Spielraum der Selbstverwirklichung am grösstmöglichen beliebt — es wäre nicht zur Eskalation gekommen.»

René Schweizer hält den Entscheid der Behörden für einen Fehler von der gleichen Grundstruktur und schreibt weiter: «Sie berufen sich auf das Gesetz. Sie wissen aber, dass das Gesetz Lücken hat, die man sich mit Sachkenntnis und Phantasie zunutze machen kann. Wenn Sie Ihr Amt nach dem Prinizip ausfüllen, dass der Staat für den Bürger und nicht der Bürger für den Staat da ist, würden Sie Ihr juristisch geschultes Personal mit der Aufgabe betrauen, nach einer eleganten und alle Seiten befriedigenden Lösung zu suchen.»

Schweizer schliesst seinen Brief mit dem Hinweis, er werde «gut baslerisch auf humoristische Art» in nächster Zeit eine Bewegung gründen, welche «Ihnen und Ihresgleichen ein bisschen Feuer unter jenem Körperteil macht, mit dem Sie sich jenen in den Weg setzen, welche locker, virtuos und spielerisch etwas für das Leben unternehmen möchten.»

KARL SCHNYDER   Basel, 17. September 1981

                                  Herrn
                                  René Schweizer
                                  Auf der Lyss 20

                                  4051   B a s e l
                                         ‾‾‾‾‾‾‾‾‾‾‾

Sehr geehrter Herr Schweizer,

Auch wenn ich zu jenen Leuten gehöre, die Ihnen offenbar
seit frühester Kindheit zuwider sind, erlaube ich mir
trotzdem, Ihnen auf Ihr Schreiben vom 27. August 1981
kurz zu antworten.

Sie weisen zu Recht darauf hin, dass ich jederzeit vom
Grundsatz ausgehe, die staatliche Verwaltung (nicht der
Staat - das sind wir nämlich alle) hat für den Bürger
da zu sein und nicht umgekehrt. Gerade deshalb geht es
nicht, dass beispielsweise Begehren auf Eröffnung von
Alkoholwirtschaften einfach nach Lust und Laune bewil-
ligt werden können. Natürlich wäre es für Sie als Bürger angenehm, im gleichen Haus, wo sich Ihr Atelier be-
findet, ein Beizli zu haben, wo Sie sich bei einem Glas
Wein von der Arbeit entspannen könnten. Es gibt aber
auch noch andere Bürger, die wie bei der Bärenfelserstrasse Einsprache gegen die Einrichtung einer Beiz erheben. Der staatlichen Verwaltung bleibt in jedem Fall
nichts anderes übrig, als die bestehenden gesetzlichen
Bestimmungen anzuwenden. Die Behörden haben die Pflicht
und Schuldigkeit - jedenfalls so lange wir in einem
Rechtsstaat leben - die Gesetze anzuwenden und zu voll-
ziehen. Wenn Sie mit einem dieser Gesetze nicht einverstanden sind, müssen Sie nicht an die Verwaltung oder
gar an mich, sondern an den Gesetzgeber, d.h. den Grossen Rat gelangen.

Bös daneben greifen Sie, wenn Sie behaupten, die "Staats-
macht" würde ein Experiment wie eine gut funktionierende
Wohnstrasse oder die Möglichkeit kreativer Eigeninitiati-
ve nicht unterstützen. Ich bin allerdings überzeugt, dass
das Schicksal einer Wohnstrasse nicht von der Existenz
oder Nichtexistenz einer permanenten Alkoholbeiz abhängt.
Im übrigen wissen Sie, dass die zuständige Abteilung be-
züglich der Erteilung von Bewilligungen für eine Gelegen-
heitswirtschaft mit Alkoholausschank an der Bärenfelserstrasse grosszügig ist. Dass wir beim besten Willen nicht
in der Lage sind, eine öffentlich zugängliche "Gemein-
schafts-Betriebskantine mit Alkoholausschank" zu bewilli-
gen, haben offenbar auch die Gesuchsteller eingesehen,
denn mit Schreiben vom 28. August 1981 haben sie den entsprechenden Rekurs zurückgezogen.

Erlauben Sie mir noch die Schlussbemerkung. Ihrer Ankün-
digung, mir und meinesgleichen etwas Feuer unter einen
besonders ehrenwerten Körperteil zu machen, sehe ich mit
Gelassenheit entgegen. Ich werde mich zu wehren wissen.
Dass dies "gut baslerisch" und "auf humoristische Art"
geschehen soll, kann ich allerdings nur halbwegs glauben.
Der sture, unflätige und tierisch ernste Ton Ihres Schreibens lässt eigentlich etwas ganz anderes erwarten. Aber
schliesslich darf ja auch der potenteste Kater einmal
kräftig fauchen.

Mit freundlichen Grüssen

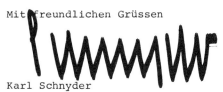

Karl Schnyder

RENÉ SCHWEIZER

GAGA BASEL
Auf der Lyss 20
4051 Basel
Tel. 25 12 06   Basel, den 4. Februar 1977

An das Strafgericht Basel-Stadt
Bäumleingasse 5/7

B a s e l

Sehr geehrte Herren,

ich bin im März oder April 1969 in Basel wegen Betrugs und Urkunden-
fälschung zu einem Jahr Gefängnis verurteilt worden.

Da ich mich um eine Stelle als Reiseleiter beworben habe und einen Auszug aus dem Zentralstrafregister benötige, die erforderliche Frist von
10 Jahren aber noch nicht abgelaufen ist, um den Eintrag streichen lassen zu können, möchte ich Sie auf anraten des Zentralstrafregisters anfragen, ob es möglich ist, dass Sie die Streichung verfügen können.

Es würde mich freuen, wenn Sie mir mitteilen könnten, welche Unterlagen Sie eventuell zu diesem Zweck benötigten.

Mit bestem Dank und vorzüglicher Hochachtung

4051 BASEL, DEN **16. Februar** 1977
BÄUMLEINGASSE 6/7

Herrn
René Schweizer
Auf der Lyss 20

4051   B a s e l

Sehr geehrter Herr Schweizer,

Wir beziehen uns auf Ihr Schreiben vom 4. Februar 1977
betreffend Löschung der Urteile des Strafgerichts Basel-
Stadt vom 13. März 1969 sowie des Polizeigerichtspräsidenten
Basel-Stadt vom 17.9.1971 gemäss Artikel 80 Ziffer 2 des
Strafgesetzbuches.

Obschon Sie in Ihrem Brief die Verurteilung vom 17.9.1971
nicht erwähnt haben, nehmen wir ohne Ihren Gegenbericht an,
dass Sie auch diesen Eintrag zur Löschung beantragen möchten.

Zur Behandlung Ihres Gesuches benötigen wir noch folgendes:

1. Kostenvorschuss von Fr. 65.--,

2. Angabe der Wohnadressen und Arbeitsorte in den letzten
   5 Jahren,

3. wenn möglich Arbeits- und Führungszeugnisse für die
   letzten 5 Jahre,

4. Nachweis der Schadensdeckung.
   Laut Urteil des Strafgerichts Basel-Stadt vom 13.3.1969
   wurden Sie zusammen mit Heinz Schäublin behaftet bei
   Ihrer Anerkennung der Entschädigungsforderung der "Zurich"-
   Versicherungsgesellschaft im Betrage von Fr. 31'267.10,
   solidarisch mit Heinz Schäublin, je zur Hälfte. Dabei
   wurden die bei Ihnen beschlagnahmten Fr. 120.-- unter Auf-
   hebung der Beschlagnahme und unter Anrechnung an den von
   Ihnen geschuldeten Schadenersatz an die "Zürich"-Versi-
   cherungsgesellschaft ausgehändigt.

76

Da nebst der Deckung des gerichtlich festgestellten Schadens auch die Bezahlung der einem Beurteilten anlässlich seiner Verurteilung auferlegten Gerichtskosten Voraussetzung für eine eventuelle Löschung ist, haben Sie überdies der Kasse des Strafgerichts die noch ausstehenden Beträge von Fr. 657.35 (Urteilsgebühr und Prozesskosten aus Urteil vom 13.3.1969) sowie von Fr. 38.-- (Busse, Urteilsgebühr sowie Umwandlungsgebühr aus Urteil vom 17.9.1971) zu entrichten.

Den sich aus Kostenvorschuss sowie ausstehenden Gebühren, Kosten sowie Busse zusammensetzenden Betrag von Fr. 760.35 als auch die benötigten Unterlagen wollen Sie bis spätestens 31. März 1977 beibringen, andernfalls wir Ihr Löschungsgesuch als gegenstandslos betrachten.

Für die Ueberweisung des oben erwähnten Betrages auf unser Postcheck-Konto 40-3716 legen wir einen Einzahlungsschein bei.

Mit vorzüglicher Hochachtung

STRAFGERICHT BASEL-STADT

Kanzlei:

(Kägi)

Beilage:

1 Einzahlungsschein

RENÉ SCHWEIZER

GAGA BASEL
Auf der Lyss 20
4051 Basel
Tel. 25 12 06

Basel, den 18. Februar 1977

Strafgericht Basel-Stadt
Kanzlei
z. H. v. Herrn Kägi
Bäumleingasse 5/7

4051 B a s e l

Betrifft Ihre Antwort vom 16. ds auf mein Schreiben vom 4. ds

Sehr geehrter Herr Kägi,

für Ihre obige Antwort danke ich Ihnen.
Da ich seit meiner Entlassung aus dem Strafvollzug im September 1969
ununterbrochen damit beschäftigt bin, eine Stelle zu suchen, jedoch wegen des Eintrags im Zentralstrafregister keine bekommen kann, möchte ich Sie bitten, mir mitzuteilen, was Sie mir zu unternehmen anraten.

Mit bestem Dank und freundlichen Grüssen

RENÉ SCHWEIZER

GAGA BASEL
Auf der Lyss 20
4051 Basel
Tel. 25 12 06   Basel, den 1. März 1977

Strafgericht Basel-Stadt
Kanzlei
z.H.v. Herrn Kägi
Bäumleingasse 5/7

B a s e l

Betrifft mein Schreiben vom 18. Februar 1977

Sehr geehrter Herr Kägi,

ich danke Ihnen für Ihre verschiedenen Telefonanrufe. Leider war ich
nie anwesend, als Sie anriefen.

Da es mir wesentlich angenehmer wäre, wenn Sie mir schriftlich ant-
worteten, möchte ich Sie höflich um einen baldigen Brief bitten.

Für Ihre Mühe und Ihr Verständnis danke ich Ihnen bestens und verbleibe

                    mit freundlichen Grüssen

**STRAFGERICHT
BASEL-STADT**

TELEPHON 061/23 55 55
POSTCHECKKONTO 40-3716

4000 BASEL, DEN   4. März 1977
BÄUMLEINGASSE 5/7

Herrn
René Schweizer
Auf der Lyss 20

4051   B a s e l

Sehr geehrter Herr Schweizer,

bezugnehmend auf Ihre Schreiben vom 18.
Februar und 1 März 1977, was wir Ihnen zu
unternehmen anraten, können wir nur nochmals auf unseren Brief vom 16. Februar 1977
hinweisen, wo alles Nötige zur Beantragung
der Löschung Ihrer beiden Verurteilungen
angegeben ist.

Mit vorzüglicher Hochachtung

STRAFGERICHT BASEL-STADT

Kanzlei:

(Kägi)

I 66b 8.70

RENÉ SCHWEIZER

GAGA BASEL
Auf der Lyss 20
4051 Basel
Tel. 25 12 06   Basel, den 7. März 1977

Strafgericht Basel-Stadt
Kanzlei
z.H.v. Herrn Kägi
Bäumleingasse 5/7

4051   B a s e l

Betrifft Ihr Schreiben vom 4. März 1977

Sehr geehrter Herr Kägi,

herzlichen Dank für Ihre Antwort auf meine beiden Schreiben vom 18.
Februar und 1. März 1977.

Sie schreiben mir, dass die Löschung meiner beiden Verurteilungen
dann eventuell erfolgen könne, wenn ich meine Schulden von über dreis-
sigtausend Franken beglichen haben würde.

Da ich zur Rückzahlung dieser Schulden Geld benötige und dasselbe
durch Arbeit erwerben muss, jedoch wegen des Eintrags im Schweizerischen Zentralstrafregister keine Stellung finden und somit auch kein
Geld verdienen kann, bitte ich Sie um Rat, wie ich trotzdem zu Geld
kommen kann, um meine Schulden zurückzahlen und dadurch die Löschung meiner Verurteilungen erreichen zu können.

Mit bestem Dank für Ihr Verständnis und Ihre Mühe verbleibe ich

                                    hochachtungsvoll

Gericht für Strafsachen
Basel-Stadt

Telephon 061 - 23 55 55
Postcheckkonto 40-3716

Bei Posteinzahlungen und Zuschriften stets angeben: **Nr.**

StG 13.3.69 MK

4051 Basel, **18. März 1977**
Bäumleingasse 5

⌐   ⌐

Herrn / Frau / Fräulein

René Schweizer

4051 Auf der Lyss 20

Mahnung

∟   ⌐

Wir erlauben uns, Sie daran zu erinnern, dass Sie unser Guthaben laut

Urteil des Polizeigerichtspräsidenten   vom

Beschluss/Entscheid der Überweisungsbehörde vom

Urteil des Strafgerichts   vom   13.3.69

Urteil des Appellationsgerichts   vom

im   Betrage von Fr.   666.55

innert der Zahlungsfrist nicht beglichen und unter Einreichung von amtlichen Ausweisen über Ihre Ein-
kommens- und Vermögensverhältnisse auch nicht geltend gemacht haben, Sie seien schuldlos ausser-
stande, die in der Forderung allfällig inbegriffene Busse zu bezahlen.
Wir ersuchen Sie daher höflich, uns den Schuldbetrag **bis Ende dieses Monats** zu überweisen, ansonst
wir Betreibung oder die **Umwandlung der Busse in Haft** einleiten müssten.
Im Falle einer Umwandlung der Busse in Haft wird eine Gebühr erhoben.

Gericht für Strafsachen
Kasse

Wichtig für im Ausland wohnhafte Beurteilte!
Sie können sich bei Ihrem nächsten Grenzübertritt polizeiliche An-
haltung ersparen, wenn Sie unsere Forderung umgehend begleichen.

Vom Absender vor der Einzahlung abzutrennen

Empfangsschein   Bitte aufbewahren
Récépissé   A conserver s.v.p.
Ricevuta   Da conservare p.f.

Fr. ▨▨▨▨ **c.** ▨▨▨

einbezahlt von / versés par / versati da

auf Konto
au compte   **40 - 3716**
al conto

Polizei- und Strafgericht
Basel-Stadt
Basel

Für die Poststelle:
Pour l'office de poste:
Per l'ufficio postale:

Einzahlungsschein
Bulletin de versement
Polizza di versamento

Fr. ▨▨▨▨ **c.** ▨▨▨

für / pour / per

Polizei- und Strafgericht
Basel-Stadt
in / à / a   **Basel**

Postcheckrechnung
Compte de chèques   **40 - 3716**
Conto corrente postale

Postcheckamt
Office de chèques postaux **Basel**
Ufficio dei conti correnti

Dienstvermerke   Aufgabe / Emission / Emissione
Indications de service
Indicazioni di servizio

N°

Abschnitt
Coupon StG 13.3.69MK
Cedola

Fr. ▨▨▨▨ **c.** ▨▨▨

einbezahlt von / versés par / versati da
Giro aus Konto
Virement du c. ch. **N°**
Girata dal conto

auf Konto
au compte   **40 - 3716**
conto

Polizei- und Strafgericht
Basel-Stadt
Basel

Azienda delle PTT   Entreprise des PTT   PTT-Betriebe

442.01 **1.76** 8000 BKB A6 ES 120 - I 29

RENÉ SCHWEIZER

GAGA BASEL
Auf der Lyss 20
4051 Basel
Tel. 25 12 06   Basel, den 24. März 1977

Strafgericht Basel-Stadt
Kanzlei
z. H. v. Herrn Kägi
Bäumleingasse 5/7

4051 B a s e l

Betrifft mein Schreiben vom 7. ds sowie Ihre Mahnung vom 18. ds

Sehr geehrter Herr Kägi,

Sie haben mir an Stelle einer vernünftigen Antwort auf mein Schreiben
vom 7. ds die Fahndung ins Haus geschickt und schliesslich eine Mahnung über Fr. 666.55 (Gerichtskosten) zugesandt.

Da ich annehmen muss, dass Sie mein Anliegen nicht mit der erforder-
lichen Aufmerksamkeit gelesen haben, erlaube ich mir hiermit, den
Gedankengang über meine Dilemma-Situation noch einmal ausführlich,
bedächtig und mit der angemessenen Rücksichtnahme auf Ihre vielleicht
etwas ungenügenden geistigen Fähigkeiten vorzutragen:

1. Am 13. 3. 1969 wurde ich zu zwölf Monaten unbedingt verurteilt. Die Untersuchungshaft von sechs Monaten wurde an-
   gerechnet.

2. Am 13. 9. 1969 wurde ich aus der Strafanstalt Basel entlassen.
   Meine Schulden betrugen zu diesem Zeitpunkt zirka

   Fr. 32'000. --

3. Da man mich in der Gerichtsverhandlung darauf aufmerksam gemacht hatte, dass verschiedene Leute mit dem ver-
   brecherischen Erwerb des Lebensunterhaltes nicht einverstanden sind, und ich mich aus angeborener Höflichkeit dazu bereit fand, diesem Laster fürderhin zu entsagen, nahm
   ich mir vor, den Regeln Ihres Staates nachzukommen und
   mit ehrlicher Arbeit mein Leben zu verdienen.

4. Zunächst führten mich meine Wege ins Ausland, wo ich auf
   Grund meiner komischen Veranlagung und meines leutseli-
   gen Wesens ein vielumworbener Unterhalter und Gesellschafter wurde.

5. Als mich die Neugier wieder in das seltsame Land meiner ersten zwanzig Lebensjahre führte, bemühte ich mich um verschiedene Arbeitsstellen, denn ich hatte die Absicht, meine Schulden allmählich abzutragen.

6. Um eine Stelle zu bekommen, musste ich den Auszug aus dem Schweizerischen Zentralstrafregister vorlegen. Dieser Auszug verhinderte jedoch meine Anstellung. Ohne Anstellung konnte ich kein Geld verdienen, ohne Geld die Schulden nicht bezahlen, ohne bezahlte Schulden keine Löschung im Zentralstrafregister bekommen, ohne Löschung im Zentralstrafregister keine Stelle erhalten, ohne Stelle kein Geld verdienen, ohne Geld die Schulden nicht bezahlen, ohne bezahlte Schulden keine Löschung im Zentralstrafregister bekommen, ohne Löschung im Zentralstrafregister keine Stelle erhalten, ohne Stelle kein Geld verdienen... (Falls dieser Punkt für Sie noch immer nicht klar ist, sollten Sie vielleicht ein Jahr Ferien nehmen und ihn ein paar hunderttausendmal durchlesen!)

7. Wenn Sie Punkt 6 begriffen haben, dann überlegen Sie sich in Ruhe eine Lösung und schreiben Sie mir einen freundlichen Brief.

8. Vielleicht könnten wir beide zusammen eine Cabaret-Nummer über dieses Thema machen und sie dem Volk vorführen. Ich bin überzeugt, dass wir den Betrag, welchen meine Schulden ausmachen, zusammenbekommen sollten, denn - wie Sie vielleicht schon gehört haben - ist der Basler ein lustiger Mensch und lässt für eine spassige Vorführung gerne ein paar Franken rollen.

Zum Schluss möchte ich Sie darauf aufmerksam mchen, dass ich mit Herrn Prof. Dr. Emil Kielholz von der Psychiatrischen Universitätsklinik in schriftlichem Kontakt über die Auswirkungen Ihrer merkwürdigen Verhaltensweisen auf meine Intelligenz und mein Nervensystem stehe und dass Herr Dr. Flachsmann vom Kriminalkommissariat mich mit grosser Freundlichkeit und einem erstaunlichen Einfühlungsvermögen berät. Falls es also in meinem Fall Unklarheiten für Sie geben sollte, so rate ich Ihnen, sich mit den betreffenden Herren, sowie mit Herrn Regierungsrat Jenny, meinem juristischen Beistand, in Verbindung zu setzen.

Mit Blödsinn

STRAFGERICHT BASEL-STADT
TELEPHON (061) 23 55 55 POSTCHECKKONTO 40-3716

4051 BASEL, DEN 19. April 1977
BÄUMLEINGASSE 5/7

Herrn
René Schweizer
Auf der Lyss 20

4051 B a s e l

Betrifft Ihr Gesuch um vorzeitige Löschung zweier Strafregistereinträge

_____

Sehr geehrter Herr Schweizer,

Sie haben bei unserem Gericht um die vorzeitige Löschung Ihrer
beiden Strafregistereinträge nachgesucht. Eine vorzeitige Löschung
solcher Einträge ist nur unter den im Schreiben unserer Kanzlei
angeführten Voraussetzungen möglich, wobei eine Schadensdeckung
vom Gesetz nur insoweit verlangt wird, als dies Ihnen zuzumuten
war. Diese Zumutbarkeit allerdings hat das Gericht zu überprüfen,
wofür wir Angaben und wenn möglich Unterlagen über Ihre Tätigkeit seit Entlassung aus der Strafverbüssung benötigen. Diese
fehlen uns bis heute.
Ich bitte Sie - sofern Sie an einer vorzeitigen Löschung weiterhin interessiert sind - diese beizubringen, sowie den verlangten
Kostenvorschuss von Fr. 65.-- zu überweisen. Nach Eingang werden
wir Ihr Gesuch dem Gericht zur Prüfung vorlegen.

Mit vorzüglicher Hochachtung

STRAFGERICHT BASEL-STADT
Der Präsident der Abt. A:

Beilage:
1 Einzahlungsschein

Brief an die Personalbüros all jener Firmen, deren Antworten auf den folgenden Seiten aufgeführt sind.

GAGA, ORGANISATION ZUR VERBLÜFFUNG DES ERDBALLS

Personalbüro
=============

Basel, den X. April 1977

Sehr geehrte Herren,

ich habe ein Problem, bei dessen Lösung Sie mir vielleicht helfen können.

Vor neun Jahren habe ich die Schweizerische Kreditanstalt um rund 30'000 Franken betrogen und bin dann für ein Jahr ins Gefängnis gekommen.

Jetzt verlangt das Strafgericht Basel-Stadt von mir, dass ich diesen Betrag plus die Gerichtskosten von zirka 600 Franken zurückbezahle, bevor es die Streichung meiner Straftat im Schweizerischen Zentralstrafregister verfügt.

Um dieser Rückzahlungsforderung nachkommen zu können, ist es notwendig, dass ich eine Stelle annehme und Geld verdiene.

Ich möchte Sie deshalb höflich anfragen, ob Sie in Ihrem Betrieb vielleicht einen Posten für mich hätten. Ich bin 34 Jahre alt, habe die Handelsmatura und bin durchschnittlich intelligent und begabt.

In der Hoffnung auf eine baldige Antwort danke ich Ihnen für Ihre Aufmerksamkeit und Mühe und verbleibe

mit freundlichen Grüssen

René Schweizer

PS: Bitte stören Sie sich nicht an meinem Briefkopf, ich habe im Moment keinen anderen.

René Schweizer   Auf der Lyss 20   4051 Basel   Postcheckkonto 40-69267

Basler Zeitung

National-Zeitung und Basler Nachrichten AG   4002 Basel Postfach   Telefon 061-22 50 50
St. Alban-Anlage 14   Telex 62140

Herrn
René Schweizer
Auf der Lyss 20

4051 Basel

Basel, 18. April 1977 DE/wi

Sehr geehrter Herr Schweizer,

bezugnehmend auf Ihre Anfrage v. 14.4.77 müssen wir Ihnen leider mitteilen, dass wir im Moment keinen geeigneten Posten neu zu besetzen haben.

Für die Mühe, die Sie sich mit der Bewerbung gemacht haben, danken wir Ihnen sehr und wünschen Ihnen für die Zukunft alles Gute und viel Erfolg.

Mit freundlichen Grüssen   BASLER ZEITUNG
Personalstelle

42

Überparteiliche schweizerische Tageszeitung
Auflage über 240 000 Exemplare
8021 Zürich 4, Werdstrasse 21
Postscheck 80-735
Telefon 01 39 30 30, Fernschreiber 56188

Ihr Zeichen

Datum 18.April 1977
       si

Herrn René Schweizer
Auf der Lyss 20

4051 B a s e l

Sehr geehrter Herr Schweizer

Wir danken Ihnen für Ihre Anfrage vom 15.ds., müssen Ihnen
aber leider mitteilen, dass wir Ihnen keine Stelle anbieten
können.

Wir bedauern, Ihnen diesen negativen Bericht geben zu müssen.

Mit freundlichen Grüssen
TAGES-ANZEIGER
Personalstelle

BUCHDRUCKEREI BERICHTHAUS

𝕿𝖆𝖌𝖇𝖑𝖆𝖙𝖙 𝖉𝖊𝖗 𝕾𝖙𝖆𝖉𝖙 𝕵ü𝖗𝖎𝖈𝖍

ZWINGLIPLATZ 3   POSTFACH   8022 ZÜRICH   TELEPHON 32 70 60

GESCHÄFTSLEITUNG

Herrn
René Schweizer
Auf der Lyss 20

4051 Basel

Zürich, den   18. April 1977

Sehr geehrter Herr Schweizer

Wir nehmen Bezug auf Ihr Schreiben vom 15. April 1977 und
teilen Ihnen mit, dass bei uns zur Zeit kein Posten neu
zu besetzen ist.

Mit freundlichen Grüssen

44

DIE WELTWOCHE   Rüdigerstr. 1   8021 Zürich   Postfach   Telefon 01 25 58 92   Telex 53374   Postcheck 80-23080

Herrn
René Schweizer
Auf der Lyss 20

4051 Basel

Ihr Zeichen   Unser Zeichen La/ae   Zürich, den 19.4.1977

Sehr geehrter Herr Schweizer

Wir haben Ihr Schreiben vom 15. April 1977 erhalten und
danken Ihnen bestens.
Durch Ihre Ehrlichkeit beeindruckt, haben wir uns dann
auch bemüht, eine passende Vakanz in unserem Hause zu finden. Wir haben uns auch noch bei andern, zu unserer Gruppe
gehörenden Firmen erkundigt. Leider müssen wir Ihnen aber
heute mitteilen, dass wir bei uns im Moment keine Einsatz-
möglichkeit sehen. Wir bedauern, dass wir Ihnen einen negativen Bericht geben müssen und hoffen, dass Sie bald
eine andere Aufgabe finden werden, die Ihnen bei der Lösung Ihres Problemes helfen wird.

Mit freundlichen Grüssen
DIE WELTWOCHE
Zentraler Personaldienst

E.M. Laur

45

Verlag

Webereistrasse 47
8134 Adliswil
Telefon 01/710 89 04
Telex 54137/38

Herrn
René Schweizer
Auf der Lyss 20

4051 B a s e l

Adliswil, 15. April 1977 JZ/ew

Sehr geehrter Herr Schweizer

Wir danken für Ihren Brief vom 14. ds., womit Sie sich um
eine Stelle bei uns bewerben.

Leider müssen wir Ihnen mitteilen, dass wir keine für Sie
geeignete Position zu besetzen haben.

Aus diesem Grund können wir Ihre Offerte nicht weiterver-
folgen.

Mit freundlichen Grüssen
Verlag BLICK
Personalabteilung

Jörg Zurbuchen

AKTIENGESELLSCHAFT FÜR DIE **Neue Zürcher Zeitung**

ZÜRICH
GOETHESTRASSE 10
TELEFON 01.32 71 00
POSTCHECK 80-645

BRIEFADRESSE:
POSTFACH
8021 ZÜRICH

Herrn
Rene Schweizer
Auf der Lyss 20

4051 B a s e l

Unser Zeichen   303/Ma
In der Antwort wiederholen

Zürich,   20. April 1977

Betrifft   Ihren Brief vom 14. April

Sehr geehrter Herr Schweizer,

wir danken Ihnen für Ihre vertrauensvolle Anfrage und offene
Darstellung Ihrer Probleme. Ihr Interesse an unserem Unternehmen freut uns.

Im Moment oder in absehbarer Zeit besteht jedoch in unserer
Verwaltung keine Vakanz, sodass wir auf Ihr Angebot nicht
näher eingehen können.

Wir wünschen Ihnen alles Gute und verbleiben mit freundlichen
Grüssen

NEUE ZUERCHER ZEITUNG
Personalbüro

P. Marti

47

Basler Woche

4010 Basel
Kirschgartenstraße 7
Telephon (061) 23 50 77
Postcheck 40-8285

Herrn
René Schweizer
Auf der Lyss 20
4051 B a s e l

Basel, den 20. April 1977

Sehr geehrter Herr Schweizer,
wir danken Ihnen für Ihren freundlichen Brief vom 19.ds.
und müssen Ihnen leider mitteilen, dass unsere Belegschaft
komplett ist und wir daher auf Ihr Angebot nicht eintreten
können.
Wir wünschen Ihnen viel Glück bei der Stellensuche und
verbleiben

mit freundlichen Grüssen
BASLER WOCHE VERLAGS AG

Walter Meyer

JUSTIZDEPARTEMENT

DES KANTONS BASEL-STADT

Rheinsprung 16
Telephon 25 64 64
Unser Zeichen T/fa

4001 Basel, den 18. April 1977

Herrn
René Schweizer
Auf der Lyss 20

4051 Basel

Sehr geehrter Herr Schweizer,

Wir danken Ihnen für Ihr Schreiben vom 13. April 1977, mit
welchem Sie sich nach einer kaufmännischen Stelle erkundigen.

Leider müssen wir Ihnen mitteilen, dass wir im Augenblick
keine für Sie geeignete Vakanz zu verzeichnen haben. Wir
empfehlen Ihnen deshalb, sich direkt mit der zentralen
Beschaffungsstelle des Personalamtes, Peterskirchplatz 4,
Basel, in Verbindung zu setzen.

Mit freundlichen Grüssen

JUSTIZDEPARTEMENT
Der Personalchef:

49

POLIZEIDEPARTEMENT

DES KANTONS BASEL-STADT

Postfach, 4001 Basel
Postcheck - Konto 40 - 7421
Tel. (061) 251717

4001 Basel, **18. April** 1977
Spiegelhof

Herrn
René Schweizer
Auf der Lyss 20
4051 <u>Basel</u>

Sehr geehrter Herr Schweizer

In Beantwortung Ihres Schreibens vom 13. April 1977 teilen
wir Ihnen mit, dass zurzeit in unserem Departement keine
für Sie in Frage kommende Vakanz besteht.

Wir bedauern, Ihnen keinen andern Bescheid geben zu können,
und verbleiben

mit freundlichen Grüssen
POLIZEIDEPARTEMENT
Personalsekretariat:

50

FINANZDEPARTEMENT

DES KANTONS BASEL-STADT

Fischmarkt 10
Telefon 25 71 71

Basel, den 18. April 1977.

Herrn
René Schweizer
Auf der Lyss 20
4051 B a s e l

Sehr geehrter Herr Schweizer,

Wir danken Ihnen für Ihre Anfrage vom 13. April 1977. Leider müssen
wir Ihnen mitteilen, dass zur Zeit im Finanzdepartement keine vakante
Stelle vorhanden ist. Wir bedauern, Ihnen keinen besseren Bescheid geben zu können, hoffen aber, dass Sie anderweitig eine Ihnen zusagende
Beschäftigung finden werden.

Mit freundlichen Grüssen
FINANZDEPARTEMENT
Der Personalchef:

P. Moesch

BAUDEPARTEMENT BASEL-STADT

PERSONALSEKRETARIAT

Münsterplatz 12
4001 Basel
Telephon 23 98 40

Basel, 21. April 1977 rs/ms

Herrn
René Schweizer
Auf der Lyss 20

4051 **B a s e l**

Stellenbewerbung
_____

Sehr geehrter Herr Schweizer

Besten Dank für Ihre Anfrage vom 13.4.1977. In unserem Departement
verfügen wir über keine vakante Stelle, die für Sie in Frage käme,
weshalb wir Ihnen absagen müssen.

Wir danken Ihnen für Ihr Interesse unserer Verwaltung gegenüber
und grüssen Sie freundlich.

Baudepartement Basel-Stadt
Der Personalchef

R. Schülin

SANDOZ A.G.

PERSONALWESEN

TELEPHON 061 24 11 11
TELEX 62143
TELEGRAMM SANDOZ BASEL

Herr René Schweizer
Auf der Lyss 20

4051 Basel

SACHBEARBEITER Dr. F. Herman
DIREKTWAHL NR. 061 24 49 54

WIR BITTEN SIE, IHRE ANTWORT
AN DAS PERSONALWESEN
ZU RICHTEN.

CH-4002 BASEL, SCHWEIZ

20. April 1977 2120/ED

Sehr geehrter Herr Schweizer

Wir danken Ihnen für Ihre Bewerbung vom 13. April 1977.

Nach eingehender Prüfung Ihrer Offerte ist es uns leider nicht möglich, Ihnen eine Ihren Wünschen und Kenntnissen entsprechende Stelle anzubieten.

Wir bedauern, Ihnen keinen positiven Bericht geben zu können, und danken Ihnen für das unserer Firma entgegengebrachte Interesse.

Mit freundlichen Grüssen
S A N D O Z   A G

F. HOFFMANN - LA ROCHE & CO.

AKTIENGESELLSCHAFT

DIREKTION

Herrn
René Schweizer
Auf der Lyss 20

4051 B a s e l

Basel, 15. April 1977
Dt-la

Sehr geehrter Herr Schweizer,

Wir danken Ihnen für Ihr Schreiben vom 12. April 1977.

Nach Prüfung Ihrer Bewerbung müssen wir Ihnen leider
mitteilen, dass wir über keine Ihrer Ausbildung entsprechende Vakanz verfügen.

Wir bedauern, Ihnen keinen positiven Bescheid geben
zu können, und grüssen Sie

mit vorzüglicher Hochachtung
F.HOFFMANN-LA ROCHE & CO.
Aktiengesellschaft

CIBA-GEIGY AG, Basel, Schweiz
CIBA-GEIGY SA, Bâle, Suisse
CIBA-GEIGY Limited, Basle, Switzerland

Adresse: CH - 4002 Basel
Telefon 061 / 371111
Telegramm: CIBAGEIGY Basel
Telex 62355

CIBA–GEIGY

Unsere Ref. / Notre réf. / Our ref.

PE 2.52/MS/jj

✆ Direktwahl

37 20 62

Herrn
René Schweizer
Auf der Lyss 20

4051 B a s e l

Ihre Ref. / Votre réf. / Your ref.

Basel, **19. April 1977**

Stellenbewerbung

Sehr geehrter Herr Schweizer,

Wir danken Ihnen für Ihr Schreiben vom 12. April 1977.

Nach eingehender Prüfung der für Sie in Frage kommenden Einsatz-
möglichkeit müssen wir Ihnen mitteilen, dass wir nicht in der
Lage sind, Ihnen eine Stelle anzubieten.

Wir bedauern sehr, Ihnen keinen positiven Bericht geben zu können, danken Ihnen für das unserer Firma gegenüber bekundete
Interesse und wünschen Ihnen für die Zukunft alles Gute.

Mit freundlichen Grüssen

C I B A - G E I G Y   A G

Dr. U. Trinler   M. Studer

.338a

55

SCHWEIZERISCHER BANKVEREIN

1872

Aeschenvorstadt 1
Telefon (061) 20 20 20
Telegramme Schweizerbank
Telex 62334 bvbs ch

Herrn
René Schweizer
Auf der Lyss 20

4051 Basel

Unsere Abt./Ref.: PA-R/mf	(061) 20 2225	4002 Basel, 20. April 1977
Ihre Ref.:	Tel. Durchwahl	Postfach

Sehr geehrter Herr Schweizer

Wir nehmen Bezug auf Ihr kürzliches Dienstaner-
bieten und bedauern, Ihnen mitteilen zu müssen,
dass wir von Ihrer Offerte leider keinen Gebrauch
machen können.
Wir danken Ihnen trotzdem für Ihre Anfrage und
grüssen Sie freundlich

                        SCHWEIZERISCHER BANKVEREIN

René Schweizers neuester Streich

Mit seinen Briefen machte er sich wieder einmal einen Namen. Spätestens dann, als sie unter dem Titel «Ein Schweizerbuch» veröffentlicht wurden. Und nun zirkuliert wieder einmal ein Brief von ihm, in dem er eine Honorarforderung an das Polizeidepartement stellt.

Am Mittwochmorgen flatterte auf verschiedene Schreibtische eine Kopie des neuesten Briefstreiches von René Schweizer. Das Original war an das Polizeidepartement gerichtet. Kopien gingen an die Kriminalpolizei/Mordabteilung, diverse Zeitungen und an Radio und Fernsehen. In diesem Schreiben heisst es:

«Sehr geehrte Herren, Mitglieder Ihres Vereins haben meine Dienste in der vergangenen Nacht für vier Stunden in Anspruch genommen. Näheres können Sie von Kpl. Krähenbühl und Pm. Salvisberg vom Polizeiposten Horburg erfahren.

Erlauben Sie mir, dass ich Ihnen für diese vier Stunden wie folgt Rechnung stelle:

4 Std. à Fr. 500.- (Normalgage ohne Extras)	Fr. 2000.-
+50% Nachtzuschlag	Fr. 1000.-
	Fr. 3000.-
Umsatzsteuer 5,6%	Fr. 168.-

Zahlbar innert 30 Tagen auf mein Postcheckkonto Nr. 40-69267 in Basel.

Mit bestem Dank und freundlichen Grüssen, René Schweizer.»

Dies veranlasste den «doppelstab», sich sofort auf die Suche nach René Schweizer zu machen, was gar nicht so einfach war. Schliesslich war er dann doch zu sprechen, doch erst nach einem Besuch bei der Verkehrsabteilung. Zwar wurde er von der Polizei angehalten, weil seine Begleiterin auf der Vespa keinen Helm trug. Und er hatte auch keinerlei Ausweispapiere bei sich. Er musste sich dann einer Blutprobe

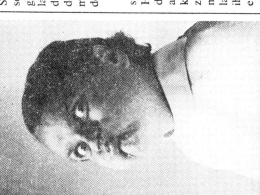

unterziehen, und man nahm ihm den Ausweis ab. Doch das ist ihm nicht wichtig, ihm geht es um weit mehr, denn er mag den Staat nicht. Oder mit seinen eigenen Worten:

«Ich mag den Staat nicht. Der regt mich zu Tode auf. Der steht mir nur plump und breitarschig im Wege.

Auch wenn ich die alten Eidgenossen begreife, die dem Lumpenpack, das ihnen dreinreden wollte, eine Steinlawine auf den Kopf heruntersausen liessen.. Doch heute sollte man denen, die uns wieder in Wege stehen, auch ein paar ‚Gwäggi an d'Bire donnere, aber keine richtigen Gwäggi, sondern dr Humor sott mene um d'Bire ummebängle'. Der Humor ist die schlimmste und wirkungsvollste Waffe, die es gibt. ...

Ich bin nicht für die Anarchie. Ich bin für gar nichts von diesem theoretischen ‚Gschmeus'. Ich bin nur dafür, dass mir niemand auf den Füssen rumtrampelt, auch nicht der Staat. Die, die einen Staat wollen, sollen ihn auch haben. Mir ist das gleich. Nur sollen sie mich in Ruhe lassen. Ich will aber auch nicht auf die Frage eingehen, wie man das denn machen soll. Das ist nicht mein Problem. Das ist das Problem derer, die den Staat wollen. »

Zum Zeitpunkt unseres Gesprächs mit René Schweizer ist seine Honorarforderung schon überall auf den Schreibtischen, nur noch nicht auf einem Schreibtisch der Verkehrsabteilung! Und René Schweizer fühlt sich von seinem Gespräch mit der Verkehrsabteilung nur gelangweilt. Denn zuerst glaubten sie ihm nicht einmal, dass er überhaupt einen Führerschein hätte, und erst als einer der Beamten in den Kellerräumlichkeiten von Hand in einer Kartei blätterte und dort auch wirklich den Durchschlag oder was auch immer fand, glaubte man ihm. Doch im Prinzip interessiert ihn das auch nicht besonders, er wird sich morgen ein Velo ersteigern.

Madeleine Mueller

POLIZEI- UND MILITÄRDEPARTEMENT DES KANTONS BASEL-STADT

POLIZEIKOMMANDO   **SICHERHEITSABTEILUNG**

Postfach, 4001 Basel
Postcheck-Konto 40-7421
Tel. (061) 21 71 71

Direktwahl Sekretariat:
061 21 71 65

19. Mai 1982   Hei/mü

Herrn
René Schweizer
Bärenfelserstrasse 36

4057   B a s e l

Sehr geehrter Herr Schweizer

Wir sind im Besitze Ihrer Honoraransprüche und erlauben
uns, Ihnen mitzuteilen, dass wir grundsätzlich auf solche
Forderungen nicht eintreten können. Inanspruchnahmen von
Personen, wie dies in Ihrem Falle erfolgte, haben höchstens
Kostenbeiträge für die Betroffenen selber zur Folge. Indem
wir auf Ihr Verständnis hoffen, verbleiben wir

mit freundlichen Grüssen
SICHERHEITSABTEILUNG
Der Leiter-Stv.:

Oblt Heiniger

René Schweizer

Polizeikommando
Sicherheitsabteilung
Postfach
4001 <u>Basel</u>

Basel, den 22. Mai 1982

Betrifft Ihr Schreiben vom 19.5.82 Hei/mü

Sehr geehrter Herr Heiniger,

herzlichen Dank für Ihr obiges Schreiben.

Mein Standpunkt dazu ist folgender: Da ich nie den Beitritt zu der Organisation, die Sie vertreten (Staat), erklärt habe, betrachte ich mich auch nicht als Mitglied desselben.

Da ich nicht Mitglied bin, gelten für mich dessen Statuten und Bestimmungen (Gesetze) logischerweise nicht.

Die Mitglieder Ihres Vereins, die mich angehalten haben, wussten dies vielleicht nicht. Deshalb bin ich bereit, Ihnen soweit entgegenzukommen, dass ich nur eine Honorarforderung stelle und vorderhand davon absehe, den Rechtsweg zu beschreiten.

Ich möchte Sie also nochmals höflich bitten, meine Forderung bis zum 11. Juni 1982 (30-Tage-Zahlungsfrist) zu begleichen. Sonst wäre ich leider gezwungen, rechtliche Schritte zu unternehmen.

Ich danke Ihnen für Ihr Verständnis und verbleibe

mit freundlichen Grüssen
RENÉ SCHWEIZER
Bärenfelserstr. 36
4057 Basel

Kopie an: Doppelstab
(die andern sind Langweiler)

POLIZEI- UND MILITÄRDEPARTEMENT DES KANTONS BASEL-STADT

POLIZEIKOMMANDO   **VERKEHRSABTEILUNG**

Postfach 4001 Basel
Clarastrasse 38   14.5.1982 Rom/ks
Tel. (061) 218190
           218191   Herrn
                                           René S c h w e i z e r
                                           Bärenfelserstrasse 36 / Atelier

                                           4057 B a s e l

Gewährung des rechtlichen Gehörs
(Art. 23 Abs. 1 SVG)

Betrifft: Führen des Motorrades BS 12891 unter Alkohol-
               einfluss und ohne im Besitze eines Führerausweises
               zu sein; begangen am 10.5.82 in Basel.

Auf Grund der vorliegenden Akten haben wir über die nachstehend mit einem X bezeichnete
Massnahme zu entscheiden:

☐ Entzug/Verweigerung des Lernfahr- bzw. Führerausweises
   (Art. 14, 16 und 17 SVG und Art. 30 ff VZV).

☒ Aberkennung des Rechts zum Führen eines Motorfahrzeuges in der Schweiz
   (Art. 14, 16 und 17 SVG sowie Art. 30 ff und Art. 45 VZV).

☐ Fahrverbot für Motorfahrräder
   (Art. 36 VZV).

☐ Fahrverbot für Fahrräder
   (Art. 19 SVG).

Vorgängig geben wir Ihnen im Sinne von Art. 35 Abs. 1 VZV Gelegenheit, sich hierzu innert einer
Frist von 5 Tagen seit Empfang dieses Schreibens **schriftlich** zu äussern.

SVG = Bundesgesetz über den
       Strassenverkehr v. 19.12.58

VZV = Verkehrzulassungsverordnung
       v. 27.10.76   Mit vorzüglicher Hochachtung

                                            RECHTSDIENST

RD 11/ 81 4000

60

René Schweizer

Polizeikommando
Verkehrsabteilung
Postfach
Clarastrasse 38

4001   <u>Basel</u>

Basel, den 17. Mai 1982

<u>Ihr Schreiben vom 14.5.1982 Rom/ks</u>

Sehr geehrte Herren,

ich danke Ihnen für Ihr obiges Schreiben und möchte dazu
folgendes sagen:

> Niemerem sage
> Schwartemage

Ich hoffe, Ihnen mit diesen Angaben gedient zu haben und verbleibe mit freundlichen Grüssen

RENÉ SCHWEIZER
Bärenfelserstr. 36
4057 Basel

POLIZEI- und MILITAERDEPARTEMENT BASEL-STADT
Verkehrsabteilung
Tel. 21'81'90 od. 21'81'91

Herrn
René S c h w e i z e r
Bärenfelserstrasse 36 (Atelier

4057 B a s e l

Basel, den 1.6.1982 Rom/ks

Sie werden ersucht, in den nächsten Tagen beim Rechtsdienst
der Verkehrsabteilung, Clarahof, Clarastrasse 38, 3.Stock,
Kabine 306/307 vorzusprechen.

Schalterzeiten: Montag - Freitag 07.30 - 12.00, 13.00 - 16.00h
Mittwoch bis 18.30 h

Grund: Abholen einer Verfügung

Mitzubringen sind: Vorladung
                                  XXXXXXXXXXXX
                                  Fr. _._

                                  RECHTSDIENST
                                  Schüpbach

RD 4/3000 1982

62

René Schweizer

Polizeidepartement
Verkehrsabteilung
Rechtsdienst
Clarastrasse 38

4001 <u>Basel</u>

Basel, den 3. Juni 1982

<u>Betr.: Ihr Schreiben vom 1.6.1982 Rom/ks</u>

Sehr geehrte Herren,

bezugnehmend auf Ihr obiges Schreiben teile ich Ihnen folgendes mit: Wie Sie aus den beiliegenden Briefkopien ersehen können, habe ich beim Ersten Staatsanwalt eine Dispens von meiner Mitgliedschaft beim "Staat" beantragt.

Da dieser Dispens möglicherweise rückwirkend ausgesprochen wird, könnte Ihre Verfügung dadurch gegenstandslos werden.

Deshalb möchte ich zunächst den Entscheid abwarten.

Ich danke Ihnen für Ihr Verständnis und verbleibe

mit freundlichen Grüssen

RENÉ SCHWEIZER
Bärenfelserstr. 36
4057 Basel

<u>Beilagen erwähnt</u>

René Schweizer

                              An den Staat
                              Abt. Verbrechens-
                              bekämpfung
                    4000   B a s e l

                              Basel, den 23. Mai 1982

Sehr geehrte Herren,

es gibt hier in Basel eine Organisation, die mich seit
langem in verbrecherischer Weise belästigt. Sie gehören,
glaub ich, dazu. Trotzdem möchte ich Sie bitten, mir einen
Gefallen zu tun und diese Organisation einzuklagen, weil
sie mich verfolgt und Mitgliederbeiträge (Steuern) von
mir verlangt, obwohl ich nie meinen Beitritt erklärt habe.

Als Gegenleistung schenke ich Ihnen die Rechte an meinem
Heimatgedicht:
                    Niemerem sage
                    Schwartemage

Mit bestem Dank und freundlichen Grüssen

                              RENÉ SCHWEIZER
                              Bärenfelserstr. 36
                              4057 Basel

64

STAATSANWALTSCHAFT
DES KANTONS
BASEL-STADT

TELEPHON 25 17 17

Der Erste Staatsanwalt

4001 Basel, den 1. Juni 1982
Leonhardskirchplatz 5

Herrn

René Schweizer

Bärenfelserstrasse 36

4057 B a s e l

Betr. Aktenzeichen GAGA

Sehr geehrter Herr Schweizer

Es ist mir gewiss unangenehm, einer Organisation anzugehören,
von der Sie sich belästigt fühlen, und ich wäre deshalb heilfroh,
wenn ich Ihnen helfen könnte; dies umsomehr, als mich Ihr gross-
zügiges Schwarten-Angebot nicht ganz unberührt lässt. Gemäss
Art. 316 StGB darf ich als Beamter allerdings keine Geschenke
annehmen.

Nun aber zum ganz ernsten Aspekt der Sache:

Gerade mit der Offerte, mir als Gegenleistung für eine Amtshandlung
Rechte an Ihrer Poesie zu schenken, haben Sie sich

        der versuchten Bestechung im Sinne von Art. 288 StGB

schuldig gemacht. In dubio möchte ich jedoch davon ausgehen,
dass Sie sich der Verwerflichkeit Ihres Tuns nicht ganz bewusst
waren; daraus ergeben sich mildernde Umstände, die mich veran-
lassen, das Strafverfahren zu sistieren und es bei einem Pfui
bewenden zu lassen.

Da andererseits das "Niemerem sage..." klar als corpus delicti
bzw. instrumentum sceleris zu betrachten ist, bin ich leider
gemäss Art. 58 StGB gezwungen, dieses geniale Werk zu beschlag-
nahmen und zu konfiszieren. (Damit kann ich das Geschenk halt
doch auf absolut legale Weise in Besitz nehmen.)

Ich nehme an, dass Sie unter diesen Umständen auf Ihre Klage
gegen die Organisation verzichten. Eine solche Klage kann im
übrigen ohnehin nicht bei Mitgliedern der Organisation angebracht
werden, da diese ja bekanntlich von den Steuern leben und
daher als Hehler mithängen würden. Ich hoffe, dass Sie sich
dieser Einsicht nicht verschliessen.

                              Mit freundlichem Gruss

                              DER ERSTE STAATSANWALT

René Schweizer

Staatsanwaltschaft
des Kantons Basel-Stadt
Der Erste Staatsanwalt
Leonhardskirchplatz 5

4001 B a s e l

Basel, den 3. Juni 1982

Sehr geehrter Herr Staatsanwalt,

ich danke Ihnen für Ihr Schreiben vom 1. Juni 1982.

Die Lage ist dadurch leider nur noch ernster geworden. Wie
Sie vielleicht nicht wissen, bin ich Eigentümer des Sonnensystems. Ich habe es von meinem Grossvater (nicht dem irdischen) geerbt. Unglücklicherweise scheinen das die jetzt hier
lebenden Wesen vergessen zu haben, was mir an sich egal ist.
Mich stört nur, dass ich mich an die Spielregeln (Gesetze etc.)
halten soll, die weder mein Grossvater noch ich für diesen
Planeten vorgesehen haben.

Da ich in Basel zu Fleisch geworden bin (Geburt), würde es genügen, wenn ich wenigstens hier die Zeit bis ich wieder gehen
kann nach meinem eigenen Geschmack verbringen könnte. Deshalb
meine Frage: Ist es nicht möglich, mich vom "Staat" solange
zu dispensieren, bis ich mich organisiert habe und imstande
bin, meine Interessen selbst wahrzunehmen? Ich denke, dass
ich für die Entwicklung einer Strategie nicht mehr als fünf
Jahre brauchen sollte.

Es würde mich freuen, bald wieder von Ihnen zu hören.

Hier zu Ihrer Erbauung noch ein Heimatgedicht:

                    S'isch nüt los
                    Freyeschtrooss

                              Mit freundlichen Grüssen

                              RENÉ SCHWEIZER
                              Bürenfelserstr. 56
                              4057 Basel

STAATSANWALTSCHAFT
DES KANTONS
BASEL-STADT

TELEPHON 25 17 17

Der Erste Staatsanwalt

4001 Basel, den   13. Juni 1982
Leonhardskirchplatz 5

Herrn

René Schweizer
Heimatdichter

Bärenfelserstrasse 36

4057 B a s e l

Az. GAga/2-82

Sehr geehrter Herr Schweizer

Auf Ihre ewigen Reklamationen gegen den Staat habe ich Ihnen
nach Prüfung Ihres mit dem Schweizerwappen versehenen Briefes
vom 3. Juni 82 folgendes mitzuteilen:

Art. 1 des Bundesbeschlusses betreffend das eidgenössische
Wappen vom 12.12.1889 bestimmt, dass das Wappen der Eidgenossen-
schaft ein aufrechtes, freistehendes weisses Kreuz ist, dessen
unter sich gleichen Arme je einen Sechstel <u>länger als breit</u> sind.
Daraus folgt: Wenn Ihnen, Herr Schweizer, auch alles übrige so
lang wie breit sein mag, so ist es offensichtlich doch nicht
das Schweizerkreuz, welches Sie auf dem Briefpapier als Ihre
Firmenbezeichnung verwenden und mit dem Sie instinktiv Ihre
Nationalität eingestehen. Das Schweizerwappen darf ja auch
auf Geschäftspapier nur angebracht werden, wenn es nicht über
die Nationalität des Geschäftes täuscht (vgl. Art. 3 des Bundes-
gesetzes zum Schutz öffentlicher Wappen etc. vom 5.6.1931).

Also, Sie mögen es vergessen haben oder sich dessen nicht ganz
bewusst sein, aber Sie gehören eben doch zum Verein. Was soll's,
zahlen Sie deshalb die lumpigen paar Fränggli Steuern, was Ihnen
als Eigentümer des Sonnensystems ja leicht fallen sollte. Ihr
Grossvater ist sicher damit einverstanden (sonst hätte er Sie
wohl nicht zur irdischen Kreatur degradiert).

Eine Dispensation ist leider nicht möglich, da könnte doch jeder
kommen. Abgesehen davon ist das Departement "Dispensationen" beim
Staat wegen Personalmangel geschlossen worden. Dagegen steht es
Ihnen frei, sich zu organisieren (sehen Sie: Organisation ist halt
doch eine notwendige Sache!). Zum Trost dürfen auch Sie sich an
einem Gedicht erbauen, das dax - frei nach Schweizer und mir von
eben diesem inspiriert - lautet:

        Nundefahle
        Schtüüre zahle!

                Mit vorzüglicher Hochachtung

           Staatsanwaltschaft Basel-Stadt

           Erster Staatsanwalt

INSTITUT
FÜR TAKTISCHEN
WAHNSINN
UND
LITERATURGAUNEREIEN

René Schweizer Management, Bärenfelserstr. 36, CH-4057 Basel, Tel. 061 26 79 02

Staatsanwaltschaft
des Kantons Basel-Stadt
Der Erste Staatsanwalt
Leonhardskirchplatz 5

4001 B a s e l

Basel, den 16. Juni 1982

Sehr geehrter Herr Staatsanwalt,

herzlichen Dank für Ihr Schreiben vom 13. Juni.

Verblüfft muss ich gestehen, dass mir Ihr Verein allmählich
sympathisch wird.

Trotzdem frage ich mich, wieso er nicht freier konzipiert
ist. Es geht doch nicht, dass einer, der am nächsten Montag
geboren wird, schon jetzt als Mitglied vorgesehen ist. Man
könnte ihn immerhin vorher fragen. Finden Sie nicht? Jeder ander
Verein tut das auch, z.B. der "Verein zur Durchlöcherung des
Schweizerkäses" oder unser "Institut für taktischen Wahnsinn
und Literaturgaunereien".

Es wäre sicher gut, wenn man sich über diesen Schönheitsfeh-
ler an zuständiger Stelle mal Gedanken machen würde.

Und zum Schluss (aus Tradition) das neuste Mundartgedicht

Jedem Schtaat
si Spinat

Mit freundlichen Grüssen

RENÉ SCHWEIZER
Bärenfelserstr. 36
4057 Basel

68

Hier gehört eigentlich eine Story hin, die allein ein ganzes
Buch umfassen könnte. Doch ich will mich kurz fassen.
1973 war die grosse Hungersnot in Aethiopien. Da mich das
fertig machte, gründete ich mit ein paar Freunden zusammen
die Gauklergruppe LOS GORGONZOLAS. Wir traten auf, machten
Tombola, verkauften Würste und Gesöff und sammelten so in
zwei grossen Anläufen über 10'OOO.-- Franken, die wir an die
STERN-Aktion überwiesen.
Nebenher versuchte ich noch, einen Teil der Stadtprominenz
für das Hilfsprojekt zu gewinnen. Der damalige Regierungsrat
Dr. Lukas Burckhardt stand der Sache wohlwollend gegenüber
und half privat auch mit etwas Geld.
Im Sommer 1974 hatte ich dann die Idee für ein anderes Projekt. Ich wollte jedem Kind des Waisenhauses seinen grössten
Wunsch erfüllen. In meinem Idealismus rechnete ich damit,
eine Welle von Begeisterung auslösen zu können. Die Idee war
nämlich, dass die Wünsche mit Hilfe der Medien und der Bevölkerung erfüllt werden sollten. Leider hatte ich nicht mit
dem Phänomen des falschen Stolzes und mit dem krankhaften
Misstrauen des Kleinbürgers gerechnet. Mir schwebte vor, zuerst etwas für die Kinder zu tun und diese anschliessend zu
motivieren, dass sie ihrerseits etwas für eine andere Gruppe
tun sollten: für die Alten oder die Gefangenen, die Blinden
oder Gelähmten. Dann hätte diese neue Gruppe wieder etwas
für eine nächste Gruppe getan. Undsoweiter. Ein Kreislauf
des Füreinanders schwebte mir vor. Doch ich scheiterte.
Ich hatte damals überhaupt kein Einkommen und lebte von der
Hand in den Mund. Manchmal stand ich vor der Entscheidung:
Briefmarken oder etwas zu essen.
Die grösste Enttäuschung war Regierungsrat Dr. Lukas Burckhardt. Zuerst war er voll auf meiner Seite. Er diente mir
auch als Referenz gegenüber dem Waisenvater, obwohl wir uns
nur brieflich kannten. Als ich ihn dann bat, mir mit etwas
Geld die Ankurbelung meiner Projekte zu ermöglichen, machte
es bei ihm offenbar klick!, und der Ofen war aus.

Ich habe mir lange überlegt, ob ich das Material überhaupt in diesem Buch veröffentlichen soll. Wenn ich es jetzt tue, dann zur Hauptsache deshalb, weil ich zeigen möchte, dass es einen Grund für mich gibt, alles was mit Verwaltung und Staat zu tun hat, auf den Arm zu nehmen.

Das Material auf den folgenden Seiten ist lückenhaft. Lesen Sie es mit besonderer Konzentration. Vielleicht geht Ihnen ein Licht auf.

Später darf dann wieder gelacht werden!

Ich bitte um Hilfe

liebe Sternleser!

Ich bitte Sie um Ihre Hilfe. Im Norden Äthiopiens ist eine Hungersnot ausgebrochen. Mehr als eine halbe Million Menschen werden sterben, wenn ihnen nicht ohne Verzug geholfen wird. Mit Nahrung, mit Medikamenten und mit Ärzten.

Täglich werden in den äthiopischen Provinzen Wollo und Tigre zwischen zwölfhundert und fünfzehnhundert Tote gezählt. Die meisten sind Kinder. Sie sterben an den beiden Schotterstraßen, zu denen sich nur die Kräftigsten noch hinschleppen können. Was im Innern des Landes geschieht, in den Dörfern, die viele unwegsame Kilometer von einander entfernt liegen, weiß niemand. Das Hungergebiet ist doppelt so groß wie die Schweiz. Es hat nur diese beiden Straßen.

Hungersnot und Krankheiten sind die Folge einer Dürre, die das Land in den letzten Jahren heimgesucht hat. Drei Ernten sind ausgeblieben, die Weiden sind verdorrt, das Vieh ist an Futtermangel und Wassernot eingegangen.

Sie sehen auf den nächsten Seiten Bilder aus den Auffanglagern. Als die Sternreporter Heiko Gebhardt und Thomas Höpker ihren Bericht und ihre Fotos nach Hamburg brachten, hat der STERN sich entschlossen, eine Soforthilfe zu starten. Wir haben dafür 500 000 Mark zur Verfügung gestellt. Das Haus Bertelsmann und seine Mitarbeiter haben weitere 500 000 Mark gegeben.

Die von mir informierte Bundesregierung, das Deutsche Rote Kreuz und die von mir angesprochenen Industriefirmen haben unbürokratisch und rasch gehandelt. Die Bundeswehr stellt Transportmaschinen zur Verfügung, Hamburgs Gesundheitsbehörde half mit Tropenärzten aus – so können noch in dieser Woche fünf »Boeing 707« und zwei »Transall«-Flugzeuge mit 11 Ärzten, zwei »Mercedes-Unimogs«, zwei VW-Bussen und 100 Tonnen Nahrungsmitteln, Decken und Medikamenten zur ersten Hilfsaktion nach Äthiopien starten.

Aber wo Hunderttausende zu verhungern drohen, ist das nur ein Tropfen auf den heißen Stein. Deshalb bitte ich Sie, den auf den Seiten 28 und 29 abgedruckten Brief des deutschen Arztes Dr. Dietrich Schmoll zu lesen. Er ist einer von zehn Ärzten, die drei Millionen Äthiopier betreuen. Dr. Schmoll sagte mir, daß man mit 10 Mark ein Kind zwei Wochen lang ernähren kann. Und es gibt in diesem Gebiet Hunderttausende von hungernden Kindern.

Wir müssen neben Medikamenten, Decken und ärztlichem Gerät Milchpulver und Kindernahrung kaufen. Selbst die ausgemergelten Mütter und die hungernden Männer sind so weit geschwächt, daß sie fürs erste nur Babynahrung bei sich behalten können.

Ich übernehme die Verantwortung dafür, daß keine Mark für Verwaltung draufgeht und daß nichts gekauft wird, was nicht unbedingt nötig tut. In Addis Abeba werden die Hilfsgüter von Vertretern des Deutschen Entwicklungsdienstes und des STERN in Empfang genommen. Dieses Komitee wird dafür sorgen, daß alles dahin gelangt, wo es am dringendsten gebraucht wird.

Wenn Sie helfen wollen, finden Sie im Anschluß an unseren Bericht gegenüber Seite 36 eine Zahlkarte.

Herzlichst Ihr

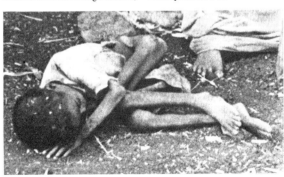

Gelungene Gaukler-Idee

Immerhin: ein Tanzbär, ein gar grimmiger Feuerschlucker, Bänkelsänger samt irischem Einschlag und Bratwürste mit Rosmarin gewürzt haben über 5000 Franken eingebracht. 5136 Franken und 45 Rappen sowie drei Hosenknöpfe genau!

René Schweizer hatte eine Idee. Er las von der Hungersnot in Aethiopien, gründete spontan die Gauklergruppe «Los Gorgonzolas» — und spielte so an den Night-Openings diesen schönen Betrag ein. Neujahrswunsch: die Gauklergruppe «Los Gorgonzolas» möge eine Kettenreaktion auslösen. Das eingegaukelte Geld wird auf das Konto der Stern-Hilfsaktion für Aethiopien einbezahlt. —minu

Basel, den 21. Dezember 1973

Sali Cheese, Dügg, Andy, Schorsch, Fritz, Robi, Fele und Hampe,
Karli, Alfredo, Jeannot, Mario, Renato, Kuttle, Jülle, Markuss,
Stoffel, Gaudi und Nettli,

Mit abgehalfteter Beiläufigkeit möchte ich Dir dafür danken, dass
Du es uns durch die blosse Existenz Deines Namens ermöglicht hast,
zirka 417, 256 äthiopische Rotznasen vierzehn Tage durch das Leben zu schleifen.
Sobald meine Grossmutter aus Gurtnellen zurückkommt, will ich versuchen, bei ihr ein gutes Wort für Dich einzulegen. Vielleicht
kann ich sogar ein Glas Brombeerkonfitüre für Dich locker machen.

Mit ausgepokerter Nebensächlichkeit

PS: Frohe Weihnachten und ein hübsches neues Jahr
PS 2!: Im Januar machen wir auf dem hinteren Andreasplatz eine
        Gauklersammlung für die Alten der Pfruend, und zwar wird
        der eingesammelte Betrag in Form von Naturalien wie Wein,
        Zigaretten etc. direkt an die Alten abgegeben. Vielleicht
        laden wir sie auch alle gesamthaft in die Hasenburg ein.
        Wir hoffen, dass Du wieder so zahlreich erscheinst wie bei
        der Aethiopiersammlung.

73

Regierungsrat Dr. L. Burckhardt
Finanzdepartement Basel-Stadt

Basel, 27. Dezember 73

Herrn
Buffalo Bill
Chefgaukler
Basel

Sehr geehrter Herr Bill,

Nun reicht's mir aber: Sie wissen natürlich ganz genau, dass ich auf Brombeerkonfitüre allergisch bin. Ich bitte Sie daher, dieses Danaer-geschenk zu unterlassen und statt dessen der Heilsarmee zu gedenken.

Im übrigen bin ich enttäuscht, dass trotz meinem wohlklingenden Namen nur 417'256 Nasen bedacht werden konnten. Damit die Sammlung etwas besser abschliesst, runde ich auf 420'000 auf und lege zu diesem Zweck einen Martinslappen aus unserer Hausdruckerei bei.

Auf ein gesammeltes 1974!

L Burckhardt

Fr. 100.—

Uebertragung:

Sehr geehrter Herr Bill,

Nun reicht's mir aber: Sie wissen natürlich ganz genau,
dass ich auf Brombeerkonfitüre allergisch bin. Ich bitte
Sie daher, dieses Danaergeschenk zu unterlassen und statt
dessen der Heilsarmee zu gedenken.

Im übrigen bin ich enttäuscht, dass trotz meinem wohlklingenden Namen nur 417'256 Nasen bedacht werden konnten. Damit die Sammlung etwas besser abschliesst, runde ich auf
420'000 auf und lege zu diesem Zweck einen Martinslappen
aus unserer Hausdruckerei bei.

Auf ein gesammeltes 1974!

L. Burckhardt

René Schweizer
c/o Käppeli
Riehentorstrasse 7

4058 <u>Basel</u>   Basel, den 29. Dezember 1973

Sehr geehrter Herr Regierungs-Cheese,

Mit tobendem Grinsen habe ich Ihren Do-it-yourself-Lappen
eingesackt und werde ihn in den nächsten Tagen unserem Fi-
nanzstrategen in die Hände buttern, damit er ihn in die
aethiopischen Gefilde mischeln kann.

Und der Humor, er ist doch kein leerer Wahn. (Friedreich
                              von Schillerhofen)

                        Danke

                Armin von Sammelheim

stern

Das deutsche Magazin
2000 Hamburg 36
Warburgstraße 50

Herrn
René Schweizer
Riehentorstraße 7
4058 B a s e l
SCHWEIZ

Henri Nannen

Telefon-Direktwahl 4118/36 21
Datum 1.2.1974

Sehr geehrter Herr Schweizer,

ich bedanke mich sehr herzlich für
Ihre Spende zu unserer Äthiopien-
Aktion "Rettet die Hungernden".

Es tut gut zu erfahren, daß hier
wirklich eine Welle der Hilfsbereit-
schaft uns in die Lage versetzt hat,
die erste Not zu lindern. Ich kann
nur noch einmal versichern, daß jede Mark den Hungernden direkt zugute kommen wird, da Verwaltungsko-
sten für diese Aktion nicht entstehen bzw. von unserem Haus und von
der Bundesregierung getragen werden.

Zu Ihrer Frage darf ich Ihnen mitteilen, daß unsere Aktion noch etwa ein
Jahr weiterläuft, da unsere Bemühun-
gen nur dann einen Sinn haben, wenn
sie nicht nur für den Augenblick,
sondern auf lange Sicht helfen.

Daß wir unsere Berichterstattung wieder aufgenommen haben, konnten Sie
sicherlich den inzwischen erschiene-
nen Ausgaben des STERN entnehmen.

Mit freundlichen Grüßen
Ihr

Henri Nannen

BÜRGERLICHES WAISENHAUS BASEL

JUGENDFÜRSORGE
DER BÜRGERGEMEINDE BASEL
Telefon 32 36 70 Postcheck 40 - 1246

4005 Basel, 20. August 1974
Theodorskirchplatz 7

Herrn René Schweizer
c/o Francisco Bassols
L'Arieta

Cadaques /GE

Espana

Betrifft:

Sehr geehrter Herr Schweizer,

Wir erhielten Ihr freundliches Schreiben vom 14. August 1974 und
möchten Ihnen vorerst für Angebot, unseren Kindern eine Freude
zu bereiten, recht herzlich danken.

Bevor wir Ihnen eine Liste unserer Kinder zukommen lassen, möchten
wir Sie bitten, uns doch mitzuteilen, in welcher Preislage sich die
Wünsche der Kinder bewegen dürfen. Wir haben ca. 90 Kinder im
Alter von 3 - 20 Jahren. Dabei handelt es sich vornehmlich um
Scheidungswaisen.

In der Beilage senden wir Ihnen noch einen Prospekt unseres
Hauses zu Ihrer Information.

Gerne erwarten wir Ihre Nachricht und danken Ihnen für Ihr
Wohlwollen unseren Kindern gegenüber.

Mit freundlichen Grüssen

BUERGERLICHES WAISENHAUS BASEL

Dr. W. Asal, Waisenvater

Beilagen

René Schweizer
c/o Müller
Auf der Lyss 20

4051 <u>Basel</u>   14. Dezember 1974

Sehr geehrter Herr Dr. Burckhardt,

Ich bin wieder in Basel und beschäftige mich mit verschiedenen Dingen. Auf der einen Seite ist es das Waisenkinderprojekt, auf der anderen die Vorbereitungen zur Gründung einer politischen Partei und dritterseits die Vorbereitung einer Ausstellung mit Happening und Tanz etc. in der Kaserne.

Ich würde mich sehr freuen, wenn wir einmal zusammen sprechen könnten, denn ich möchte Sie um ein Startdarlehen von Fr.5'000.-- bitten, um das folgende Projekt beginnen zu können: Ich will mit Fremdkapital eine Firma gründen, deren Zweck es ist, Not zu lindern und Benachteiligte zu unterstützen. Da ich selbst arm wie ein Buschneger bin, habe ich mir die folgende Erfolgsspirale ausgedacht: mit dem festverzinslichen Grundkapital, welches ich vom Staat, von Banken, Kleinsparern und Grosskapitalisten zu erhalten hoffe, wird die Organisation von Unterhaltungsveranstaltungen finanziert. Von den Einnahmen wird der Kapitalzins plus Unkosten und Spesen abgezogen und der Reingewinn in vollem Umfang für wohltätige Zwecke eingesetzt.

Zu Anfang will ich das auf baslerischer Ebene aufziehen, später ausdehnen.

Um die erste grosse Veranstaltung in der Mustermesse oder dem neuen Stadttheater vorbereiten zu können, brauche ich etwas Geld. Ich wäre froh, wenn Sie mir dies in Form eines kurzfristigen Darlehens geben könnten, welches Sie nach der Veranstaltung verzinst zurückerhalten würden.

Ich danke Ihnen im voraus für Ihre Mühe und verbleibe in Erwartung Ihrer baldigen Antwort

                    mit freundlichen Grüssen

                    René Schweizer

Sie erwarten doch wohl kaum, dass ich auf Pumpversuche eintrete.

Mit besten Wünschen für 1975

L. Burckhardt

Uebertragung:

Sie erwarten doch wohl kaum, dass ich auf Pumpversuche eintrete.

Mit besten Wünschen für 1975

L. Burckhardt

René Schweizer
c/o Müller
Auf der Lyss 20

4051 <u>Basel</u>   Basel, den 24. Dezember 1974

Sehr geehrter Herr Dr. Burckhardt,

ich habe nicht nur erwartet, dass Sie auf meinen Pumpversuch
eingehen, sondern ich habe ebenso erwartet, dass Sie die For-
men der Höflichkeit wahren und mir eine anständige Antwort
schicken. Und ich habe sogar erwartet, dass Sie mir nicht
bloss finanziell, sondern auch mit Rat und Tat helfen würden.

Zusätzlich habe ich erwartet, dass wir uns in nächster Zeit
einmal treffen, Dutzis machen und in Freundschaft verbunden
werden würden.

Ich habe mich leider getäuscht.

Selbstverständlich werde ich das Projekt trotzdem realisie-
ren, aber ich möchte die Gelegenheit des Heiligen Abends
noch kurz dazu benützen, Ihnen von ganzem Herzen zu wünschen,
dass Sie der Teufel holen möge.

                              Mit freundlichen Grüssen

                              _____
                                   René Schweizer

René Schweizer
c/o Müller
Auf der Lyss 20

4051 <u>Basel</u>   Basel, den 21. Januar 1975

Sehr geehrter Herr Dr. Burckhardt,

es würde mich interessieren, ob mein Wunsch vom Heilig-
abend schon in Erfüllung gegangen ist und der Teufel
schon bei Ihnen vorbeigeschaut hat.

                              Mit grässlichen Grüssen
                                     Ihr

                              René Schweizer
                              genannt Ubaldo

82

DAS WAISENKINDERPROJEKT UND SEINE GEPLANTEN FOLGEN AUF
DIE LEBENSATMOSPHAERE DER STADT BASEL UND EVTL. IM GAN-
ZEN LAND.

Eine Gruppe von jungen Leuten hat den Waisenvater des
Waisenhauses Basel, Herrn Dr. Asal, um die Vornamen von
seinen sämtlichen Kindern gebeten. Anschliessend erhielt
jedes einzelne Kind je einen handschriftlichen Brief.
Darin schrieb erstens jeder Briefschreiber kurz etwas
über sich selber, und zweitens wurde das Kind gebeten,
uns seinen sehnlichsten Wunsch mitzuteilen. In Absprache
mit Herrn Dr. Asal wurde den Kindern keinerlei Limite gesetzt -- "Du kannst Dir wünschen, was immer Du am sehnlichsten begehrst, wir werden dafür sorgen, dass Dein
Wunsch in Erfüllung geht", hiess es da zum Beispiel.

Nach einiger Zeit schneiten zwischen siebzig und achtzig
Briefe herein. Die Liste der Wünsche reicht von der auf-
blasbaren Schwimmente für ein dreijähriges Mädchen bis
zur Bitte eines Zwanzigjährigen, die Ausbildungskosten
an einer Handelsschule und später an der Hotelfachschule
in Lausanne zu übernehmen.

Zum grössten Teil sind die Wünsche materieller Natur. Ihre Erfüllung wird auf zwei Ebenen versucht:

    1. Durch Bittbriefe an die Herstellerfirmen der ge-
       wünschten Gegenstände.
    2. Durch Sammelaktionen.

Wer durch Geldspenden das Projekt zu unterstützen gewillt ist, kann den entsprechenden Betrag auf das Postcheckkonto Nr.40-13049 überweisen. Empfängerin ist

Frau Barbara Ritzmann-Prager
Fichtenrain 14
4106 Therwil   *Tel. 061 732700*

Bitte das Kennwort "WAISENHAUS" auf den Einzahlungsschein
schreiben!

Sobald alle Wünsche erfüllt sind, wird den Kindern vom
Waisenvater erklärt, wie die Idee zu diesem Projekt ent-
standen und wie das ganze Projekt abgewickelt worden ist.
Anschliessend bittet er sie, sich nun ihrerseits Gedanken
darüber zu machen, wie eine andere Gruppe von Benachteiligten der Stadt mit einer selbstausgedachten Aktion erfreut
werden könnte -- zum Beispiel ein Alters- oder ein Blinden-
heim, die Insassen der Strafanstalt oder der Milchsuppe
etc. Wenn auch dieses Projekt realisiert sein wird, soll
die frisch bescherte Gruppe ihrerseits wiederum eine andere Gruppe auswählen. Und so weiter. Es ist vorgesehen,
eine Kettenreaktion auszulösen, welche das gesamte Land er-
fassen soll. Der zweifache Vorteil dieses Projektes liegt
darin, dass einerseits jene Gruppe von Menschen, welche
sich um eine andere Gruppe kümmert, dadurch für gewisse
Zeit einen vielleicht lang entbehrten Inhalt bekommt und
dass andererseits die Gruppe der Bescherten das Gefühl vermittelt bekommt, dass man an sie denkt und sie nicht unbe-
merkt und verloren am Rande der Gesellschaft treiben.

Sobald der erste Teil des Projektes realisiert sein wird,
d.h. wenn die Waisenkinder ihre Wünsche erfüllt haben werden, soll eine ausführliche, bebilderte Dokumentation erscheinen und in den Buchhandlungen aufgelegt werden.

Lieber René

Ich danke Ihnen vielmals für den netten
Brief. Es hat mich sehr gefreut, dass ich mir
etwas wünschen darf.
Ich wünsche mir sehr gerne eine Schiff-
fahrt auf dem Bodensee. Ich bin sehr
gerne auf See.
Nochmals vielen Dank, dass ich mir
etwas wünschen darf.

Mit
Freundlichen Grüssen

Myriam

Lieber Jule

Ich danke Ihnen vielmals für den Brief. Ich finde es sehr toll, dass ich wirklich eine Jumbo-jet-reise machen kann. Ich hatte sehr schöne Sommerferien. Am 4. Okt. sind schon wieder Herbstferien. Unsere Gruppe (Blickla) verbringt diese Zeit im Lager auf dem Bocksberg. Ich freue mich schon sehr darauf.
Nochmals vielen Dank, mit freundlichen Grüssen Judith.

Liebe Teo
Ich danke Dir für den schönen Brief, den Du mir geschrieben hast und dass ich mir etwas wünschen darf. Ich wünsche mir einen Taschenradio.
Viele Grüsse von Christina

Liebe Leo  30.4.1975

Ich danke Ihnen ganz herzlich, dass ich mir etwas wünschen kann. Wie Sie wissen, heisse ich Karin, und es geht mir sehr gut im Waisenhaus. Mein Wunsch wäre, dass ich einmal mit einem Jumbo-Jet durch die Luft sausen könnte. Nochmals vielen Dank.

Mit lieben
Grüssen

Karin Mi.

87

Lieber Angelo,

Ich wünsche mir
ein Lederball und
1 Paar Fussball-
schuhe Nr. 33

viele liebe
Grüsse

Daniel

Daniel   geb. 26. 3. 68

Angelo Dalla Rosa
Blotzheimerstrasse 42
4055 Basel   Basel, den 19.11.1975

Basler Theater
Direktion
Elisabethenstr. 16
4051 Basel

Sehr geehrter Herr Direktor Hollmann,

ich möchte Sie für ein Kind des Basler Waisenhauses um eine
Gefälligkeit bitten.
Mit einigen Bekannten zusammen haben wir den Waisenkindern
handgeschriebene Briefe zugeschickt und sie gebeten, uns ihre innigsten Wünsche zu nennen. Die Wunschliste reicht vom
Fussballschuh bis zur Bitte, den Schauspieler Charles Bron-
son kennenzulernen. Eines der Kinder wünscht sich sehnlichst,
mit einem Regisseur zusammen einer Hauptprobe im neuen Theater beiwohnen zu dürfen.
Ich wäre Ihnen ausserordentlich dankbar, wenn Sie dem Kind
diesen Wunsch noch vor Weihnachten erfüllen könnten.
In Erwartung einer baldigen Antwort verbleibe ich mit freundlichen Grüssen

                              Ihr

                              Angelo Dalla Rosa

BASLER ◆ THEATER

Stadttheater Komödie
Direktor Hans Hollmann

.

Herrn Angeolo Dalla Rosa
Blotzheimerstrasse 42

4o55 B a s e l

4051 Basel, den **24.11.1975**

Sehr geehrter Herr Dalla Rosa,

besten Dank für Ihren Brief an Herrn Dr. Hollmann.
Natürlich ist Herr Dr. Hollmann gerne bereit, einem
Kind aus dem Basler Waisenhaus den Besuch einer
Hauptprobe im Theater zu ermöglichen. Er denkt dabei
an eine Haupt- oder die Generalprobe von SCHWARZER
HECHT, Inszenierung Martin Markun.

Darf ich Sie bitten, sich mit mir in Verbindung zu
setzen, damit wir einen Termin festlegen können.

Mit freundlichen Grüssen

BASLER THEATER
DIREKTIONSSEKRETARIAT

J. Lischer

Theaterstrasse 7 - Bühneneingang Elisabethenstrasse 16 - Telefon 061 22 11 30 - Telegramm BASLERTHEATER BASEL
Billettkasse Stadttheater 22 11 33 - Billettkasse Komödie 23 79 75 - Postcheckkonto 40-192

Lieber René

Ich danke Ihnen vielmals
für den Brief. Ich habe
mich entschieden an einer
Hauptprobe zusammen
mit dem Regisseur dabei
zu sein. Dann habe ich auch
eine gute Gelegenheit, das neue Stadttheater
zu sehen, und dass finde ich sehr toll.
In zwei Wochen gehen wir mit unserer
Gruppe ins Herbstlager nach Wildhaus.

Viele Grüsse und nochmals
vielen Dank für alles

van

Esther

Papyrus AG Basel

Freie Strasse 43   ☎ 061 25 13 66
Filiale Claraplatz 2 ☎ 061 33 02 77
Postcheckkonto 40 – 184
Postfach 4001 Basel

Herrn
René Schweizer
c/o Mueller
Auf der Lyss 2o

4o51   B a s e l

I / Ref.	U / Ref. 44/br	Datum 5.12.1975

Sehr geehrter Herr Schweizer,

Wir bestätigen den Eingang Ihres Schreibens vom 26.11.1975.
Leider können wir Ihren Wunsch nicht erfüllen. Wir erhalten
tagtäglich von wohltätigen Institutionen, Vereinen etc. Anfragen ähnlicher Art. Privatpersonen beschenken, würde unsere
Möglichkeiten bei weitem übersteigen, um so mehr Ihre gewünschte
Gefälligkeit nicht gerade klein zu nennen ist. Je 1 Stück des
gesamten Rotring-Angebotes würde nämlich einige Tausend Franken
kosten.

Wir danken für Ihr Verständnis und grüssen Sie freundlich

PAPYRUS AG BASEL

Bürobedarf – Büromöbel – Büroorganisation – Papeterie – Techn. Zeichenartikel – Seit 1833

92

KNOPF AG BASEL

FREIESTRASSE 56 / STREITGASSE

TELEPHON (061) 25 92 60

-h/div.

6.12.1975

Frau
Barbara Ritzmann
Fichtenrain 14

4106 Therwil

sehr geehrte Frau Ritzmann,

wir beziehen uns auf Ihre Anfrage vom 1. ds. und
müssen Ihnen leider mitteilen, dass wir nicht
näher darauf eingehen können.

Wir bedauern, Ihnen keinen andern Bescheid geben
zu können, und grüssen Sie freundlich

KNOPF AG BASEL

Otto Frey

Puch Generalvertretung Fiat Automobile

Werkstätte, Ersatzteillager, Büros und Verkauf:
Badenerstr. 812, 8048 Zürich
Postadresse: Postfach 8048 Zürich
Telefon 051 / 62 13 00 Telex 54 008

Filiale Badenerstr. 316, 8004 Zürich, Tel. 051/54 44 66

.Herrn
René Schweizer
Auf der Lyss 20

4051 B a s e l

Ihr Zeichen	Unser Zeichen fj/nm	Zürich, den 8. Dezember 1975

Sehr geehrter Herr Schweizer,

Wir haben Ihr Schreiben vom 2.12.1975 erhalten und haben
vom Inhalt Kenntnis genommen.

Während des ganzen Jahres gelangt man mit gleichen und
ähnlichen Bitten an uns. Aus grundsätzlichen Erwägungen
ist es uns leider nicht möglich, auf Ihren Wunsch einzu-
gehen.

Es würde einfach zu weit führen, allen Anfragen nachzu-
geben; es verbleiben noch genügend aus dem Geschäftskreis
übrig, die berücksichtigt werden müssen.

Wir bedauern Ihnen keinen besseren Bescheid geben zu können
und grüssen Sie recht freundlich

Otto Frey
Puch-Generalvertretung

Postcheck: 80 - 21283 Bank: Schweiz. Bankverein, Stadtfiliale Albisriederplatz Telegramm: Motorradpuch

94

BÜRGERLICHES WAISENHAUS BASEL

JUGENDFÜRSORGE
DER BÜRGERGEMEINDE BASEL
Telefon 32 36 70   Postcheck 40 - 1246

4005 Basel, 3. Dezember 1975
Theodorskirchplatz 7

Herrn René Schweizer
c/o Fam. Müller
Auf der Lyss 20

4051   B a s e l

Betrifft:

Sehr geehrter Herr Schweizer,

Sie haben sich seinerzeit mit uns in Verbindung gesetzt betreffend
Beschenkung von Heimkindern, worauf wir Ihnen wunschgemäss eine
Liste der Vornamen unserer Kinder zukommen liessen. In der Folge
haben Sie dann, zusammen mit Ihren Freunden, jedem einzelnen Kind
einen Brief zukommen lassen, mit der Bitte, in einem Antwortbrief
den grössten Wunsch mitzuteilen, den Sie dann erfüllen möchten.

Anlässlich einer Besprechung mit Ihnen haben wir darauf hingewiesen,
dass das Bürgerliche Waisenhaus in der Bevölkerung der Stadt Basel
stark verankert sei und immer wieder mit vielen Spenden und Gaben
bedacht werde und wir auf jeden Fall vermeiden möchten, dass bei
Geschäften von Ihrer Seite Geschenke für unsere Kinder erbittet werden.

Es berührte uns heute deshalb peinlich, von verschiedenen Basler-
Firmen erfahren zu müssen, dass Sie mit Briefen an sie gelangt sind,
um auf diesem Wege die Wünsche der Kinder erfüllen zu können. Unsere
Kinder würden eine solche "Aktion um milde Gaben" am wenigsten
akzeptieren.

Wir dürfen sicher auf Ihr Verständnis hoffen, wenn wir Sie dringend
bitten, keine derartigen Aktionen mehr durchzuführen und wären Ihnen
dankbar, wenn Sie uns die Namen der Geschäfte nennen würden, denen
Sie in dieser Sache bereits geschrieben haben, damit wir unsererseits
Erläuterungen zu der von Ihnen lancierten Idee geben können.

Gerne erwarten wir Ihre Antwort und grüssen Sie freundlich

BUERGERLICHES WAISENHAUS BASEL
Der Waisenvater:

Dr. Walter Asal

Korrespondenzen sind nicht an Personen zu richten, sondern an das Bürgerliche Waisenhaus Basel

René Schweizer
Auf der Lyss 20

4055 Basel   Basel, den 9. Dezember 1975

Sehr geehrter Herr Dr. Asal,

ich danke Ihnen für Ihren Brief vom 3. ds und möchte Ihnen
dazu folgendes sagen: Zuerst bitte ich Sie um Entschuldigung,
dass ich mich an Firmen der Stadt gewandt habe, ohne nochmals bei Ihnen vorzusprechen und Ihnen das ganze Projekt zu
erklären. Das war eine Nachlässigkeit von mir.

Auf den beiliegenden zwei Seiten ist in groben Zügen darge-
stellt, was meine Freunde und ich uns von dieser Aktion ver-
sprechen. Es soll nicht nur diskret und zurückhaltend und
hinter vorgehaltener Hand über gute Taten geflüstert werden,
sondern im Gegenteil: Es schwebt uns vor, die ganze Stadt zu
aktivieren, das heisst in der Bevölkerung ein viel wacheres
Bewusstsein für die Belange der irgendwie Benachteiligten
heranzubilden. Wenn jemand krank ist oder bedürftig, dann ist
das eine Tatsache. Mit blossem Mitleid und Schulterzucken und
Seufzen kommt man nirgends hin. Wir sind der Auffassung, dass
es nicht peinlich ist, wenn man - in unserer Lage als unab-
hängige Privatpersonen - Geschäften die Frage stellt, ob sie
bereit, gewillt und in der Lage sind, einem Kind direkt ein-
en Gefallen zu tun, indem sie ihm etwas gibt, was dem Kind
Freude bereitet und das Geschäft nicht allzu gross belastet.

Wir sind der Auffassung, dass Sie, sehr geehrter Herr Dr.
Asal, für dieses Projekt keine Verantwortung tragen. Es war
unsere Idee und wird von uns durchgeführt und von uns verant-
wortet. Wir sind überzeugt davon, dass es allmählich an der
Zeit ist, in unserer Stadt dafür zu sorgen, dass das N e b e n -
einander-Leben allmählich zu einem Miteinander-Leben und zu
einem Füreinander-Leben wird. Wir haben vor, dies mit allen
vernünftigen Mitteln herbeizuführen. Es ist möglich, dass
wir des öftern anecken werden, aber das macht nichts, denn
das Ziel rechtfertigt die paar Schrämmchen, welche dabei entstehen können.

Ich will Ihnen zum Schluss etwas ganz deutlich sagen: Wenn
diejenigen Leute, die sich für fähig halten, die Geschicke
einer Stadt zu lenken, damit zufrieden sind, dass die Atmo-
sphäre der Stadt von Jahr zu Jahr trostloser wird, dann ist
es an der Zeit, dass man diesen Herren vormacht, wie man
die Leute aktiviert.

Sie, Herr Dr. Asal, haben vom Staat die Verantwortung für
die im Waisenhaus lebenden Kinder übertragen erhalten. Das
heisst aber nicht, dass ich als Staatsbürger und Mensch mich
mit meinen Freunden zusammen nicht auch für diese Kinder ver-
antwortlich fühlen soll, darf oder kann. Und wenn ich als

normaler Mensch mich mit einer normalen Frage an einen anderen normalen Menschen wende, dann darf ich auch wie jeder
andere normale Mensch eine normale Antwort erwarten. Wieso
werden die Leute feierlich und würdevoll, sobald es nicht
ums Geschäft, sondern um etwas Ernsthafteres geht?

Ich wäre froh, wenn wir einmal miteinander sprechen könnten,
denn allem Anschein nach haben wir über gewisse Dinge verschiedene Ansichten, und es wäre mir recht, wenn wir diese
irgendwie aufeinander abzustimmen vermöchten.

Ich danke Ihnen für Ihre Aufmerksamkeit und verbleibe

mit freundlichen Grüssen

PS: Hier noch die Liste der basler Geschäfte, an die wir
    uns bis jetzt gewandt haben: Kost Sport, Gerspach
    Sport, Hug & Co., Papyrus AG, Knopf Warenhaus, Migros.

BÜRGERLICHES WAISENHAUS BASEL

JUGENDFÜRSORGE
DER BÜRGERGEMEINDE BASEL
Telefon 32 36 70   Postcheck 40 - 1246

Herrn René Schweizer
c/o Fam. Müller
Auf der Lyss 20

4051 B a s e l

4005 Basel, 12. Dezember 1975
Theodorskirchplatz 7

Betrifft:

Sehr geehrter Herr Schweizer,

Ihre Zuschrift vom 9. Dezember 1975 mit Beilagen hat uns ausserordentlich überrascht. Ich sehe mich deshalb veranlasst, Ihnen unver-
züglich zu antworten, und zwar auch im Namen meiner Mitarbeiter, mit
denen ich die für uns unangenehme und belastende Situation ver-
schiedentlich besprochen habe. Wir können uns mit Ihrem neuestens
gewählten Vorgehen nicht einverstanden erklären.

Am 17. Dezember 1974 habe ich mir, nach einer Besprechung mit Ihnen,
notiert:

1. Wir möchten nicht, dass in der Oeffentlichkeit für unsere Kinder
   gebettelt wird; das wäre eine Verfälschung der tatsächlichen
   Situation, die auch von unseren Kindern nicht verstanden würde.

2. Wir müssen offen sagen, dass unsere Kinder im Vergleiche mit
   anderen Heimkindern unserer Gegend bevorzugt sind. Wir würden
   es deshalb begrüssen, wenn die von Herrn Schweizer geplante
   Aktion anderen oder auch anderen Heimkindern Basels zugute käme.
   Herr Schweizer zeigt für diese Ueberlegung Verständnis und will
   versuchen, unsere Gedanken in dieser Hinsicht zu verwirklichen.

Am 9. Mai 1974 schrieb ich Ihnen u.a.:

"ich darf wohl annehmen, dass nun auch andere Heime solche Briefe
zuhanden der Kinder erhalten haben. Es wäre unseren Kindern und uns
wirklich nicht angenehm, wenn das Waisenhaus öffentlich exponiert
würde. Es gibt andere Heime, die Ihrer Zuneigung viel mehr bedürfen,
aber darüber haben wir ja anlässlich Ihrer Vorsprache bei mir ausführlich gesprochen....."

Im Verlaufe unserer Vorgespräche mit Ihnen hatten wir also vereinbart,
das Waisenhaus werde in der ganzen Angelegenheit nicht exponiert. Die
heutige Art und Weise Ihres Vorgehens (Bittbriefe an Firmen und
Private) ist uns allen, d.h. auch unseren Kindern peinlich. Wir
empfinden diese Handlungsweise eigentlich als Missbrauch des Ver-
trauens, das wir Ihnen entgegengebracht haben.

./.

Aufgrund Ihres neuesten Schreibens müssen wir annehmen, dass Sie unserer am 3. Dezember 1975 schriftlich geäusserten Bitte, keine derartigen Aktionen mehr durchzuführen, nicht nachkommen wollen. Sie zwingen uns damit, Ihnen expressis verbis zu untersagen, den Namen unserer Institution und ihrer Mitarbeiter in Ihren Aktionen weiterhin zu verwenden.

Schliesslich bestand die ursprüngliche Idee darin, Gruppen von Menschen zum Wohle von Heimkindern zu aktivieren. Leider wird nun heute nur noch eine Bittaktion durchgeführt. Wir bedauern, dass damit die eigentliche Zielsetzung verloren gegangen ist.

Mit freundlichen Grüssen

BUERGERLICHES WAISENHAUS BASEL

Der Waisenvater:

Dr. Walter Asal

René Schweizer

Schweizerische National-
Versicherungs-Gesellschaft
Picassoplatz 8

B a s e l

Basel, den 2. Februar 1982

Sehr geehrte Herren,

ich möchte meinen Wagenheber versichern lassen. Was muss ich
da machen?

Mit bestem Dank für Ihre Mühe und mit herzlichen Grüssen

RENÉ SCHWEIZER
Bärenfelserstr. 36
4057 Basel

SCHWEIZERISCHE NATIONAL-VERSICHERUNGS-GESELLSCHAFT

REGIONALDIREKTION BASEL
EHINGER KÜFFER MICHAUD

PICASSOPLATZ 8
4010 BASEL
TELEPHON 061-22 44 60
TELEX 64 353 ekm ch

UNFALL
HAFTPFLICHT
KRANKEN
LEBEN
MOTORFAHRZEUG
MASCHINEN
TRANSPORT
FEUER

DIEBSTAHL
WASSER
GLAS
SCHMUCK
BAUWESEN
BAUGARANTIE
REISEGEPÄCK
RECHTSSCHUTZ

Herrn
René Schweizer
Bärenfelserstrasse 36

4057 B a s e l

IHR ZEICHEN: IHR SCHREIBEN: UNSER ZEICHEN: Eh/le 4010 BASEL 29. März 1982

Sehr geehrter Herr Schweizer,

wir danken Ihnen für Ihre Anfrage vom 2. Februar 1982. Da
Ihr aufgeworfenes Problem sehr viele, technisch schwierige
Abklärungen nach sich zieht, müssten wir vor Abgabe einer
präzisen Antwort, bzw. vor Abgabe einer verbindlichen Offerte, über umfassendere Angaben über Ihren Wagenheber verfügen.
Rückversicherungstechnisch gesehen fallen Wagenheber unter
die "unerwünschten" Risiken, d.h. unter Risiken, deren An-
nahme wegen ihrer Schadenhäufigkeit von sehr strengen Risiko-
untersuchungen abhängt. Es gibt deshalb auch keine einheit-
lichen Prämiensätze, da neben der verständlicherweise not-
wendigen, rigorosen Risikoabklärung über den Wagenheber an
sich noch weitere Details bekannt sein müssen.

Für eine erste (noch ziemlich zurückhaltende) Abklärung
müssten wir deshalb über folgende Fragen ganz genaue Antworten erhalten (für eine event. spätere Antragsbeantwortung
verweisen wir in diesem Falle ganz speziell auf Art. 6 VVG
über die falsche Antragsdeklaration).

1. Allgemeine Fragen

   1.1. Aus welchem Material ist der event. zu versichernde
        Wagenheber geschaffen ?

        - Holz ?

        - Eisen ?

        - Glas ?

        - Porzellan ?

        - Gold ?

        - Beton ?

        - andere Materialien ? (bitte genau bezeichnen)

1.2. Welches Gewicht soll dieser Wagenheber in extremis heben ?

- 10 kg

- 100 kg

- 1000 kg

- weniger als 10 und mehr als 1000 kg ?

- andere Beantwortung ?

1.3. Für welchen Zweck wird dieser Wagenheber verwendet ?
   - für gewöhnliche Motorfahrzeuge ?
   - für Fahrräder ?
   - für Ochsen- bzw. Eselkarren ?
   - für Rollschuhe ?
   - als Schmuckstück in der Wohnung oder als Anhänger am Halsband ?
   - andere Beantwortung ?

1.4. Wo soll dieser Wagenheber geographisch eingesetzt werden ?
   - Kanton Basel-Stadt ?
   - Kanton Baselland ?
   - Im Gebirge ?
   - In der Sahara oder so ?
   - In einem Skigebiet ?
   - andere Beantwortung ?

1.5. Gegen welche Gefahren (es gibt deren sehr viele) soll dieses Instrument versichert werden ?
   - Glasbruchschäden ?
   - Feuerschäden ?
   - Wasserschäden ?
   - Böswillige Beschädigung durch Dritte (z.B. Bemalen des Instrumentes durch Dritte) ?
   - Zerstechen ?
   - Schäden durch Tiere (z.B. Holzwurm) ?
   - andere Beantwortung ?

1.6. Welchen Selbstbehalt im Schadenfall wünschen Sie ?
  - Fr. 100.-- ?
  - Fr. 200.-- ?
  - Fr. 500.-- ?
  - Fr.1000.-- ?
  - mehr ?

Wie Sie jetzt vielleicht erahnen können, ist eine klare Beantwortung Ihrer Anfrage z.Zt. mangels genauen Angaben äusserst schwierig. Unsere speziell ausgebildeten Experten auf diesem Gebiet (Tel. int. 000'00) stehen Ihnen aber für weitere Angaben jederzeit (Tag- und Nachtdienst) gerne zur Verfügung.

Wir verbleiben in der Zwischenzeit

                    mit freundlichen Grüssen
                    Regionaldirektion Basel
                    EHINGER KUFFER MICHAUD

René Schweizer

Universität
Philosophisch-Historische
Fakultät
Deutsches Seminar
Clarastrasse 13

4000   B a s e l

Basel, den 29. April 1982

Sehr geehrte Herren,

Kann man irgendwo die Aenderung der Schreibweise eines Wortes beantragen?

Ich finde, dass die Schreibweise des Wortes "Hundekuchen" nicht mehr zeitgemäss ist. Ich möchte, dass man in Zukunft

H U N D E K C H U C H E N

schreibt.

Mit bestem Dank für Ihre Mühe und mit freundlichen Grüssen

RENÉ SCHWEIZER
Bärenfelserstr. 36
4057 Basel

Deutsches Seminar
Universität Basel

CH - 4058 Basel, Clarastrasse 13
Tel. 061 / 33 18 03

Prof. Dr. Heinrich Löffler
Unterer Batterieweg 142
CH – 4059 Basel, Tel. ~~34 97 34~~ 35 50 17

Basel, 5. Mai 1982

Herrn
René Schweizer
Bärenfelser 36
4057 B a s e l

Sehr geehrter Herr Schweizer,

bezugnehmend auf Ihre Anfrage vom 29. April betreffend einer
Änderung der Schreibweise "Hundekuchen" in "Hundekchuchen"
teile ich Ihnen folgendes mit:

Orthographieänderungsanträge werden nur einmal im Jahrhundert,
und zwar jeweils im ersten Jahr, auf der "Grossen Orthogra-
phie-Konferenz" behandelt. Die letzte hat 1901 stattgefunden.
Auf ihr beruhen die heute gültigen Schreibweisen.

Da bis zum Jahre 2001 noch etwas Zeit ist, darf ich Sie auf
die dort vermutlich geltenden Antragsbedingungen hinweisen.

Durch die Erfindung der Schreibmaschinen und des Maschinen-
satzes hat sich die Notwendigkeit ergeben, dass alle Schreib-
typen und Drucklettern gleichmässig genutzt werden, weil die
teuren Maschinen sonst zu früh einseitig, also unausgewogen,
drucken. Soll die Schreibweise eines Wortes also dahingehend
geändert werden, dass nachher mehr Buchstaben als vorher darin enthalten sind, so müssen diese Buchstaben anderweitig
eingespart werden.

Der Einfachheit halber wird man bei der nächsten Jahrhundert-
konferenz vom jeweiligen Antragsteller verlangen, er solle
die zusätzlichen Buchstaben der neuen Schreibweise aus seinem
eigenen Namen zur Verfügung stellen resp. dort einsparen.

Ihr Antrag auf die Schreibweise Hundekchuchen hat also nur
dann eine Chance, wenn Sie bereit sind, Ihren Namen um das
neu zu gebrauchende Ch zu erleichtern.

Das würde bedeuten, dass Sie von 2001 an René Sweizer hiessen.
Da Schreibänderungen für alle verwandten Wörter sinngemäss
gelten müssen, würden Sie und wir dann auch in der Sweiz
wohnen, zusammen mit den übrigen Sweizerinnen und Sweizern.

Sie könnten unter diesen Umständen natürlich auch überlegen,
ob Sie Hundekuchen nicht lieber als Hundekuchzen geschrieben
haben wollen; Sie hiessen dann René Schweier, oder als Hwunde-
kuchen, so dass Sie Scheizer hiessen.

Natürlich gilt auch umgekehrt, dass Sie Hundekuchen zu
Hunde-uchen erleichtern und sich dann René Schweizker (oder
Schweikzer) schreiben dürfen. Dann allerdings würde ich kon-
sequenterweise "Hunde-uhen" vorschlagen, damit Ihr Name deut-
licher als Schweickzer herauskommt.

Sie können sich den Antrag auf das Jahr 2001 also noch gründ-
lich durch den Kopf gehen lassen.
Noch hinweisen möchte ich Sie darauf, dass pro Antragsteller
und Jahrhundert nur e i n Antrag für ein Wort möglich ist.
Bei Doppelnamen gelten Ausnahmen, ebenso für den Fall, dass
jemand überhaupt nicht mehr heissen möchte. Dann dürfen sogar
neue Wörter beantragt werden - was der Grund ist dafür, dass
wir soviele Wörter haben und von sovielen Leuten den Namen
nicht wissen, - aber das ist wieder eine andere Geschichte.

In der Hoffnung, Ihnen ein wenig weitergeholfen
zu haben, verbleibe ich

mit den besten Grüssen

René Schweizer

Herrn Prof. Dr.
Heinrich Löffler
Unterer Batterieweg 142
4059   B a s e l

Basel, den 28. Mai 1982

Sehr geehrter Herr Prof. Löffler,

ich danke Ihnen herzlich für Ihre Antwort vom 5. Mai auf
meine Anfrage vom 29. April.

Entschuldigen Sie bitte, dass ich mich erst jetzt wieder
melde. Ich habe mich vor ein paar Wochen in einen Wagenheber verliebt und war deshalb die ganze Zeit durcheinan-
der und unfähig, einen logischen Gedanken zu fassen.

Was ich jetzt noch fragen wollte: Wie ist es mit den Anträ-
gen auf Aenderung der Schreibweise eines Wortes, wenn die
Aenderung nicht aus dem eigenen Namen "beglichen" werden
kann? Also zum Beispiel wenn ich das Wort "Knackwurst" mit
zwei weiteren U schreiben möchte: Knackwuuurst. In meinem
Namen gibt es keine Us. Wie müsste ich da vorgehen?

Ich danke Ihnen im voraus für eine Antwort und verbleibe

                              mit freundlichen Grüssen

                          RENÉ SCHWEIZER
                          Bärenfelserstr. 36
                          4057 Basel

Deutsches Seminar
Universität Basel

CH - 4058 Basel, Clarastrasse 13
Tel. 061 / 33 18 03

Prof. Dr. Heinrich Löffler
Unterer Batterieweg 142
CH – 4059 Basel, Tel. ~~XXXXXX~~ 355017

1.Juni 1982

Herrn
René Schweizer
Bärenfelserstrasse 36
4057 B a s e l

Sehr geehrter Herr Schweizer,

Sie fragen in Ihrem Brief vom 28. Mai mit Recht, wie Rechtschreib-
änderungsanträge behandelt würden, zu denen der Antragsteller nichts
aus seinem eigenen Namen beisteuern kann. Ich hatte in meiner ersten
Antwort vergessen, auf diesen wichtigen Sonderfall hinzuweisen.

Drei Möglichkeiten sind hierzu vorgesehen:

1. Die Substitutions- oder Auxiliarvariante
Sie inserieren in einer überregionalen Zeitung/Boulevardblatt z.B.
"Einzelne U's gesucht" oder "Biete E gegen U" etc. Man hört immer
wieder, dass sich Leute von einzelnen Buchstaben oder Lauten ihres
Namens trennen möchten. Für Ihre U-Suche kämen vor allem mehr-u-ige
Namen in Frage wie Hungerkurt, Krummhuber, Uhlenhurst, aber auch
Ein-U-er wie Bunz, Buss, Furg, Schupf, Zugg oder ähnlich lautende.
Zu achten wäre beim Buchstabentausch, dass Spendernamen, insbesondere
von einem gewissen Öffentlichkeitsgrad an, nicht ganz laut-los würden

2. Die Sprachgebrauchs-Variante (auch "Usus-Nachweis" genannt)
Sie können Ihrem Antrag auf "Knackwuuurst" beglaubigte Belege bei-
fügen, aus denen hervorgeht, dass die Schreibweise bereits in Gebrauch ist. Bei solchen Sprachgebrauchsfeststellungen gilt ein Punkt-
system: 20 Punkte sind insgesamt erforderlich. Dabei zählt der Nachweis in einer grossen Zeitung 5 Punkte, in Radio oder Fernsehen
(Aussprache-Beleg!) 4 Punkte, in einer Regionalzeitung 3, im zweck-
sprachlichen Bereich (z.B. auf der Preistafel einer Wurstbude) 2 und
im Privatgebrauch 1 Punkt. Sie müssten also 4 grosse Zeitungen oder
10 Wurstbuden (Volksfest; Tour de France!) für Ihre Knackwuuurst
interessieren.

3. Die idio-orthographische Variante ("Selbstschreibungs-Lösung")
Sie schreiben inskünftig Knackwurst, mit wieviel u Sie wollen. Sie
sind zu solchem idio-orthographischen Vorgehen berechtigt, wenn
Sie mindestens 40 Jahre alt sind. Vorher ist davon abzuraten, weil
nach aller Erfahrung berufliche Nachteile zu befürchten wären, da
in unserem Ausbildungs- und Aufstiegswesen das Verständnis für
alles "Idio-(t)ische" wenig ausgeprägt ist.

Mit den besten Grüüssen
verbleibe ich

H. Heiner Löffler

P.S. Wenn Sie zu gegebener Zeit Ihren Antrag an die "Grosse Ortho-
graphiekommission" richten, ist von einem Hinweis auf Ihren Affekt-
zustand (Stichwort "Wagenheber") abzuraten. Es könnte der Eindruck
entstehen, dass Sie es mit Ihrem Anliegen gar nicht erst meinen.

René Schweizer

                    Herrn Prof. Dr.
                    Heinrich Löffler
                    Unterer Batterieweg 142
          4059   <u>Basel</u>

                    Basel, den 8. Juni 1982

Sehr geehrter Herr Prof. Löffler,

ich bin Ihnen ausserordentlich dankbar dafür, dass Sie meine
doch leicht ungewöhnlichen Fragen mit soviel Sachkenntnis,
Geduld und Geist beantworten.

Deshalb wage ich es auch, mich mit einem Anliegen an Sie zu
wenden, das mir seit langem besonders am Herzen liegt. Ein
Freund hat mich einmal gefragt

          WAS ISCH WO, WENN NÜT NIENE-N-ISCH?

Das hat mich jahrelang beschäftigt. Ich habe auch versucht,
diese Frage ins Deutsche zu übersetzen und mich nach langem
Ueberlegen für

          WAS IST WO, WENN NICHTS NIRGENDS IST?

entschieden. Vage kann ich mich zwar noch erinnern, dass unser Deutschlehrer sagte, im Schriftdeutschen sei die doppelte Negation nicht erlaubt. Dann müsste man wohl sagen

          WAS IST WO, WENN NICHTS IRGENDWO IST?

Oder wie sehen Sie als Experte diese Sache?

Wenn nichts nirgends ist, ist nirgends nichts, also überall
etwas. Wenn jedoch nichts irgendwo ist, dann ist irgendwo
nichts. Man weiss nur nicht präzise, wo nichts ist. An allen
anderen Orten ausser jenen, wo nichts ist, müsste also bei
dieser Formulierung etwas sein.

Nehmen wir die doppelte Negation, so ist überall etwas. Nehmen wir aber die einfache Negation, dann ist nur <u>fast</u> überall
etwas.

Es würde mich sehr freuen, wenn Sie zu diesem Problem auch
eine Erklärung abgeben könnten. Und bitte sagen Sie's unge-
niert, falls ich Ihnen allmählich auf die Nerven fallen sollte. Das Gebiet der Sprache fasziniert mich einfach ungemein.

Mit bestem Dank und freundlichen Grüssen

                              RENÉ SCHWEIZER
                              Bärenfelserstr. 36
                                 4057 Basel

Deutsches Seminar
Universität Basel

CH - 4058 Basel, Clarastrasse 13
Tel. 061 / 33 18 03

Prof. Dr. Heinrich Löffler
Unterer Batterieweg 142
CH – 4059 Basel, Tel. ~~34 03 34~~ 35 50 17

Herrn   18.Juni 1982
René Schweizer
Bärenfelserstr. 36
4057 B a s e l

Sehr geehrter Herr Schweizer,

　　bei soviel Lob und Interesse für mein Fach und für die Sprache
überhaupt kann ich schwerlich behaupten, dass Sie mir mit Ihren
Problemen auf die Nerven fallen.
　　Mit Ihrer neuerlichen Frage: Was isch wo, wenn nüt niene-n-isch?
treffen Sie die Sprachwissenschaft allerdings an einer Stelle, wo
nicht "fast überall etwas", sondern fast überall nichts ist.
　　Ich will trotzdem versuchen, das Problem wenn nicht zu klären,
so doch verständlich zu machen. Man nennt den Komplex der doppelten Verneinung, die sich nicht aufhebt, sondern eben doppelt oder
dreifach verneint, auch "Alemanno-Negativismus" oder "Nihilo-
Helvetismus", weil das doppelte Nein hierzulande besonders ver-
breitet sein soll.
　　Die sprachhistorische Erklärung ist relativ einfach: Früher
kannte unsere Sprache nur ein einziges kleines Verneinungswörtchen.
Es hiess ne oder ni und war so winzig, dass man es kaum recht
hören konnte, zumal es sich noch gerne an andere Wörter anschiegte.
I-ne hiess "Ich nicht", Du-ne hiess: "Du nicht", ni-wicht (wört-
lich: nicht ein Wicht) hiess: "nicht" usw. Wollte man, dass die
Verneinung deutlich gehört wurde, musste man sie erheblich ver-
stärken. Und dies geschah am einfachsten durch Wiederholung.
　　Ein weiterer Grund dafür, dass wir lieber zwei- oder dreimal
als nur einmal verneinen, liegt darin, dass unsere Urväter nicht
die schnellsten gewesen sein müssen beim Reden. So haben sie vor
Langsamkeit oftmals nicht mehr gewusst: Hab ich nun schon Nein ge-
sagt oder nicht? Um auf Nummer Sicher zu gehen, haben sie sich
dann angewöhnt, die Verneinung immer wieder zu sagen. So kam es
zu Ihrem "Niene-nüt" oder zu Ihrer Frage: Was isch wo, wenn nüt
niene-n-isch. Die Antwort muss also lauten,- und ist wissen-
schaftlich begründet-: Wenn nüt niene-n-isch, no　isch ganz
aifach niene-nüt!

Es gibt da noch zwei andere Erklärungen, die mir ein bisschen
sagenumwoben erscheinen. Ich will sie Ihnen der Vollständigkeit
halber mitteilen, obgleich sie nur in einer späten und kaum
leserlichen Abschrift erhalten sind:
　　Als die Alemannen im frühen Mittelalter christlich missioniert
worden sind, da seien eines Sonntags just bei jener Predigt über
das Bibelwort: Eure Rede sei Ja,ja oder Nein, nein die meisten
zu spät　gekommen. So hätten sie gerade noch das "Nein,nein" mit-
bekommen. Das habe in der Folge dann eben dazu geführt, dass
man unserm Volkscharakter eben jenen oben zitierten "Negativismus"
nachsagt und dass man bis auf den heutigen Tag zwar sehr wohl
zweimal Nein, nicht aber zweimal Ja stimmen darf.
　　Die andere Geschichte zum Ursprung der doppelten Verneinung
klingt da schon etwas glaubwürdiger. Im hohen Mittelalter soll
das Techtelmechtel, das die Ritter an ihren Höfen trieben und

das sie "Minnesang" nannten, besonders hierzulande sich grosser
Beliebtheit erfreut haben. Eines Tages nun habe ein solcher Minne-
sänger vor der Kemenate seiner Angebeteten schmachtend gesungen:
"Wer-je-wer will mîner Minne trûtgespilin sîn" oder so ähnlich.
Die so Angeflehte zeigte sich jedoch spröde und hatte nichts im
Sinn mit dem lüsternen Sänger. Sie öffnete ihre Tür einen Spalt
breit und rief laut und bestimmt hinaus: "I-ne!" Das hiess, wie
wir wissen (s.oben) damals: "Ich nicht!" oder "Mit mir nicht."
Der betörte Ritter jedoch hörte in seiner Sinnestrübung: "Iine!"
was damals wie heute nichts anderes heissen konnte als: "Herein!
Kum iine!" Und flugs schickte er sich an, die Festung im Sturm
zu nehmen.....(Die Kopie wird an dieser Stelle immer unleserlicher).
    Deshalb müssen bis heute alle Mädchen, wollen sie einen zu-
dringlichen Liebhaber abwehren, die doppelte oder besser noch die
dreifache Verneinung verwenden, z.B.: "Ich will kai Minne nit und
niene" oder so; denn seit jenem Vorfall gilt in Minne-Dingen die
einfache Verneinung als Zusage, ja fast als Aufforderung.

    Nun habe ich Sie aber weit über Ihre eigentliche Frage hinaus
auch über die praktisch-historische Seite unseres Faches aufge-
klärt. Leider sind sich heutzutage die Leute über die kultur-
geschichtlichen Hintergründe gar nicht mehr bewusst, wenn sie einfach so mit ihrem "niene-nüt" daherreden und nicht an die fast
tragisch zu nennenden Vorkommnisse denken, die eine so bestimmte
und trotzige Redeweise einmal nötig gemacht haben. So könnte man
eigentlich fast stolz sein auf unser doppeltes Nein. Wer weiss,
wieviel Unheil dadurch schon von uns abgewendet worden ist.......

                    Mit den besten Grüssen

                        Reiner Löffler

**INSTITUT
FÜR TAKTISCHEN
WAHNSINN**

René Schweizer Management, Bärenfelserstr. 36, CH-4057 Basel, Tel. 061 26 79 02

Louis Waldispühl
dipl. Psychologe
Weiherweg 14

4000 B a s e l

Basel, den 31. März 1982

Sehr geehrter Herr Waldispühl,

was halten Sie von der Idee, eine Religion des Humors und
der Freude ins Leben zu rufen und mit der Methode des "taktischen Wahnsinns" die überholten Welt-Werte zu knacken?

Eine Antwort würde mich sehr freuen.

Mit freundlichen Grüssen

Louis Waldispühl
Dipl.-Psychologe, Psychotherapeut
4054 Basel, Weiherweg 14
Telefon 061/22 38 25

Basel, 15. April 1982

> · Herrn
> Renatus Helveticus
> unordentlicher Professor für
> Religions-Taktologie
> Direktor des Institus für
> taktischen Wahnsinn
> Bärenfelserstr. 36
> 4057 Basel

Sehr geehrter Helveticus,

Nomen est omen - Sie sind als wiedergeborener Helvetier zweifellos
der richtige Mann, um diese taktlose Welt, in der es oft zum wahnsinnig werden ist, in eine neue Weltordnung überzuführen. Sie
haben die Zeichen der Zeit erkannt, denn der kosmische Zeitpunkt
ist Ihrem Unternehmen ausserordentlich günstig, hat doch soeben
auch die SBB die neue Epoche des Taktfahrplans eingeleitet.

Sie haben auch den richtigen genius loci gefunden: den Bärenfelsen,
auf dem Sie Ihre Kirche bauen wollen! Ich empfehle Ihnen, das neue
Zeitalter - ganz im Sinne der freud'schen und humorvollen Religion -
damit zu beginnen, dass Sie an der Bärenfelserstrasse eine Wohnstrasse für tanzende Teddybären errichten.

> Mit taktvollen Grüssen
>
> Louis Waldispühl

René Schweizer Management, Bärenfelserstr. 36, CH-4057 Basel, Tel. 061 26 79 02

Dr. phil. Franz Renggli
Rheinfelderstrasse 3

4000   B a s e l

Basel, den 30. März 1982

Sehr geehrter Herr Renggli,

was halten Sie von der Idee, eine Religion des Humors und
der Freude ins Leben zu rufen und mit der Methode des "taktischen Wahnsinns" die überholten Welt-Werte zu knacken?

Eine Antwort würde mich sehr freuen.

Mit freundlichen Grüssen

Franz Renggli   Basel, den 2. April 82
Rheinfelderstr. 3
4058 Basel

Lieber Herr Schweizer!

Nichts.

Freundlichst

F. Renggli

René Schweizer Management, Bärenfelserstr. 36, CH-4057 Basel, Tel. 061 26 79 02

lic. phil. Petr Feyfar
Wettsteinallee 35

4000   B a s e l

Basel, den 27. März 1982

Sehr geehrter Herr Feyfar,

was halten Sie von der Idee, eine Religion des Humors und
der Freude ins Leben zu rufen und mit der Methode des "taktischen Wahnsinns" die überholten Welt-Werte zu knacken?

Eine Antwort würde mich sehr freuen.

Mit freundlichen Grüssen

Petr Feyfar, lic. phil.

Psychologische Praxis ~~Weinsteinallee 35~~ 4058 Basel Tel. 061/~~33 19 50~~

Kartausgasse 11, 4058 Basel, Tel.32 20 00

Institut für taktischen Wahnsinn
z.H. René Schweizer
Bärenfelserstr. 36
4057 Basel

Ihre Frage vom 27. März 1982

Basel, den 12. Mai 1982

Sehr geehrter Herr Schweizer,

ich meine, dass es eine Umkehrung der bestehenden Situation
wäre. Heute stützt ja gerade die Religion des Wahnsinns
die überholten Werte, und taktisch von ihren Priestern eingesetzt, droht sie die Welt zu knacken.

Mit freundlichen Grüssen

Ihr

117

René Schweizer Management, Bärenfelserstr. 36, CH-4057 Basel, Tel. 061 26 79 02

                              Dr. med. Rudolf W. Polheim
                              Blochmonterstrasse 5
               4000   Basel

                              Basel, den 30. März 1982

Sehr geehrter Herr Dr. Polheim,

was halten Sie von der Idee, eine Religion des Humors und
der Freude ins Leben zu rufen und mit der Methode des "taktischen Wahnsinns" die überholten Welt-Werte zu knacken?

Eine Antwort würde mich sehr freuen.

                         Mit freundlichen Grüssen

```
                              Dr. med. Rudolf W. Polheim
                              Blochmonterstrasse 5
           4000              Ba s e l
```

Basel, den 21. April 1982

Sehr geehrter Herr Dr. Polheim,

da Sie mir auf mein Schreiben vom 30. März bis heute nicht
geantwortet haben, möchte ich Sie fragen, ob Sie mir vielleicht auf die Frage

    WAS IST WO, WENN NICHTS NIRGENDS IST?

eine Antwort geben können?

Herzlichen Dank im voraus.

                  Mit freundlichen Grüssen

Dr. med. Rudolf W. Polheim

Psychiatrie · Psychotherapie FMH

4056 Basel, 29. 4. 1982

Lothringerstrasse 7
Telefon 57 87 87

Herrn
René Schweizer
Bärenfelserstrasse 36
4057 Basel

Lieber Herr Schweizer,

ein Buch von Ihnen habe ich als recht witzig in Erinnerung. Im Gegenstand Ihrer mir unlängst gestellten Frage sehe ich keinen rechten Witz - in der einen Bedeutung des Wortes - und in der anderen halte ich ihn als ungeeignet für einen Witz. Vielmehr sehe ich im Wahn eine zu ernste Sache. Mit besten Grüssen

René Schweizer Management, Bärenfelserstr. 36, CH-4057 Basel, Tel. 061 26 79 02

Regina Stricker
Psychologische Beratung
Steinenvorstadt 33

4000   B a s e l

Basel, den 31. März 1982

Sehr geehrte Frau Stricker,

was halten Sie von der Idee, eine Religion des Humors und
der Freude ins Leben zu rufen und mit der Methode des "taktischen Wahnsinns" die überholten Welt-Werte zu knacken?

Eine Antwort würde mich sehr freuen.

Mit freundlichen Grüssen

RENÉ SCHWEIZER
Bärenfelserstr. 36
4057 Basel

René Schweizer Management, Bärenfelserstr. 36, CH-4057 Basel, Tel. 061 26 79 02

                            Regina Stricker
                            Psychologische Beratung
                            Steinenvorstadt 33
            4000   B a s e l

                            Basel, den 20. April 1982

Sehr geehrte Frau Stricker,

da Sie mir auf mein Schreiben vom 31. März nicht geantwortet haben, möchte ich Sie fragen, ob Sie mir vielleicht
auf die Frage

        WAS IST WO, WENN NICHTS NIRGENDS IST?

eine Antwort geben können?

Herzlichen Dank im voraus.

                            Mit freundlichen Grüssen

                            RENÉ SCHWEIZER
                            Bärenfelserstr. 36
                            4057 Basel

B. R. Stricker-Schaub
prakt. Psych./Graphologin SGG

Psychodiagnostik
psychologische Beratung
Trainingsgruppen für Kommunikation
und kreative Konfliktlösung

Praxis:
4051 Basel
Steinenvorstadt 33
Tel. 061/22 88 58 und 061/49 86 74

23. 4. 82

Rene Schweizer
Institut für taktischen Wahnsinn
Bärenfelserstr. 36
4057 Basel

Sehr geehrter Herr Schweizer,

wenn nichts nirgends ist, dann ist ALLES UEBERALL.
          BETRACHTET MAN ES, ERBLICKT MAN ES NICHT;
          HORCHT MAN DARAUF, HOERT MAN ES NICHT;
          GEBRAUCHT MAN ES, IST ES UNERSCHOEPFLICH.

Schon die alten Zen-Meister versuchten, der wahnsinnigen Taktik mit
taktischem Wahnsinn zu begegnen. Sie hatten gut lachen. Die andern
zerfleischten sich. Sollte Ihr Institut ein Versuch sein, der Selbst-
und Fremdzerfleischung vorzubeugen, so ist es eine fröhlich emfehlens-
werte Sache.

          Mit freundlichem Gruss

          R. Gasher

Der Grazer Bürgermeister ist angeblich sehr angetan von seiner Idee: René Schweizer, genialischer Kunstclown aus dem Land, woher er seinen Namen bezieht, will beim Steirischen Herbst 1980 „den Erdball zum Kunstwerk" erklären. Dieses auf alle Fälle kostensparende Projekt, da das Material in reichem Maße ja wohl auch in Graz vorhanden sein wird, wird von René Schweizer wie folgt kommentiert:

Die Welt steht durch die Entdeckung der Raumfahrt vor einer neuen Epoche. Eine Wiederholung der Geschichte, eine neue Renaissance liegt in der Luft. Um den Beginn dieser neuen Epoche symbolisch exakt auf künstlerische Art zu manifestieren, wollen wir den Erdball zum Kunstwerk erklären. Das soll so geschehen, daß auf einer Wiese, einem Feld oder in einem Park die Grasnarbe auf einer Fläche von vier bis zehn Quadratmetern entfernt, der Grund gestampft und per Stempel „Kunst" der Gesamtplanet mit allem, was ihn ausmacht, in eine neue Bewußtseinsdimension geschleudert wird.

Durch diesen Akt, welcher von Bierzeltfesterei, allerlei künstlerischen Nebendarbietungen (Theaterstück, Ballett, Malerei, Fotoausstellung, Videoshow, Literatur, Film) und wissenschaftlicher Analyse in Form eines Symposiums über die psychologischen, geschichtlichen, soziologischen, philosophischen etc. Aspekte der Aktion begleitet sein soll, wird der Erdball mit allem, was sich auf ihm ereignet und tummelt, als Problem symbolisch für überwunden erklärt und das Augenmerk auf neue Grenzen, jene im Weltraum, gelenkt. So wie die Menschheit durch die Entdeckung Amerikas eine neue Dimension und ein neues Weltbild vermittelt erhielt, so soll sie durch die Deklaration des Erdballs zum Kunstwerk eine neue Vision in bezug auf ihre eigene Stellung innerhalb des Universums erhalten. Das bedeutet: Menschheit, die Zeit des Schlafens und Erholens nach den Weltkriegen ist vorbei. Packen wir das nächste Kapitel unserer Geschichte an. Setzen wir unser vereinigtes gesamtplanetarisches Talent ein. Versuchen wir, in den letzten zwanzig Jahren dieses Jahrhunderts das zu erreichen, was wir in den vergangenen eintausendneunhundertundachtzig Jahren nicht geschafft haben. Nutzen wir das Wissen, das wir uns angeeignet haben. Versuchen wir's. Zum Jahreswechsel 1999/2000 soll dann Bilanz gezogen und das bis dahin Erreichte während eines Jahres gefeiert und analysiert werden.

Das Projekt muß in allen Bereichen — im psychologischen, philosophischen, wirtschaftlichen, erzieherischen, künstlerischen etc. — während einer oder zwei Wochen ausgeschlachtet werden. Dann besteht die Möglichkeit einer enormen entscheidenden Wirkung.

Parallel dazu soll als Gag und zur Unterhaltung eine Berühmtsprechung organisiert werden. Und zwar so: Durch die Medien werden Anwärter gesucht, die gerne berühmt werden möchten. Diese können einen Grund für ihren Wunsch angeben oder darauf verzichten. Das Publikum wählt die Jury nach freiem Ermessen, z. B. Showstars, prominente Sportler, Persönlichkeiten aus Politik, Kunst und Wissenschaft etc. Diejenigen mit den meisten Stimmen bilden die Jury, welche ungebunden an irgendwelche Richtlinien einen Bewerber oder eine Bewerberin auswählt, der oder die dann in einer riesigen Zeremonie mit viel Tamtam und Show von einer prominenten Persönlichkeit (z. B. Bundespräsident) für die Dauer eines Jahres zur Berühmtheit geschlagen wird. Der Titel Famosissimo/A wird verliehen, und ähnlich wie bei einer Mißwahl wird die Sache von den Medien und der Werbung während eines Jahres ausgeschlachtet. Jedes Jahr wird die Wahl wiederholt und der Jahrestag der Erklärung des Erdballs zum Kunstwerk gefeiert.

Eine ziemlich harte Nuß — so groß wie der Erdball —, die René Schweizer da den Mächtigen des Steirischen Herbstes zu knacken gibt. Hart, aber billig. Allerdings kann man sich Zähne an ihr ausbeißen. Die aber sind teuer.

RENÉ SCHWEIZER

UNTERNEHMER IN SACHEN HUMOR UND ANGEWANDTER PHILOSOPHIE

Basel, den 12. November 1978

An den Reg. Bürgermeister
von Berlin
Herrn Dietrich Stobbe
Rathaus Schöneberg

D-1000 Berlin 62

Sehr geehrter Herr Bürgermeister,

ich habe die Absicht, nächstes Jahr den Erdball mit einer Ma-
schine zum Kunstwerk zu stempeln.

Am liebsten täte ich das in Berlin, da Berlin von seiner Situation zwischen Ost und West her sozusagen so etwas wie der Nabel
der heutigen abendländischen Welt ist.

Ich würde mich sehr freuen, wenn Sie sich für diese Idee begei-
stern könnten. Ich müsste ein paar Quadratmeter Rasen auf einem
öffentlichen Platz der Stadt zur Verfügung gestellt bekommen.

Eigentlich habe ich schon die mündliche Zusage des Bürgermei-
sters von Graz, aber die Leute funktionieren dort etwas schwer-
fällig, weshalb Berlin mir mehr zusagen würde.

Bitte teilen Sie mir mit, ob dieses Projekt Sie interessiert.

Mit bestem Dank und freundlichen Grüssen.

René Schweizer

Oetlingerstrasse 153 - CH-4057 BASEL - Tel. 061/26 79 02
Postcheckkonto 40 - 69267
Bank: Schweizerische Bankgesellschaft Basel (Filiale Claraplatz)

Der Regierende Bürgermeister von Berlin

Herrn
René Schweizer
Oetlingerstraße 153

CH-4057 Basel   15. Dezember 1978

Sehr geehrter Herr Schweizer,

mit großem Vergnügen habe ich Ihren Brief gelesen, in dem Sie
mitteilen, 1980 die Erde zum Kunstwerk stempeln zu wollen.
Gewiß ist an unserem blauen Planeten eine Menge auszusetzen,
und auch bis 1980 wird da kaum viel zu bessern sein, aber trotzdem:
Ich bin dabei.

Dies um so mehr, als es überhaupt keinen anderen Ort geben kann
als Berlin, um die historische Stempeltat vorzunehmen. Wir Berliner
wissen längst, daß wir der Mittelpunkt der Welt sind, und nur unsere
sprichwörtliche Bescheidenheit hat uns bisher daran gehindert,
von dieser Tatsache viel Aufhebens zu machen. 1980 wird das nun
anders werden.

Sorge macht mir nur, daß einige Quadratmeter Rasen geopfert werden
sollen. Wie bringen wir das den Umweltschützern bei? Aber ich bin
bereit, die Bedenken zurückzustellen, schließlich kommt die Kunst
sogar in der Verfassung vor, der Rasen nicht.

Lassen Sie mich wissen, ob Sie sich für Berlin entscheiden wollen.

Mit freundlichen Grüßen

Dietrich Stobbe

GUNTER SACHS

Herrn
René Schweizer
Unternehmer in Sachen Humor
und angewandter Philosophie
Oetlingerstr. 153

CH-4057 Basel

Zürich, den 21. Februar 1979

Sehr geehrter René Schweizer!

Das wird sicherlich ein phänomenales Ereignis, wenn Sie nächstes
Jahr in Berlin den Erdball in aller Form zum Kunstwerk erklären.
Es sieht aber im Augenblick leider ganz so aus, als ob ich nicht dabei sein könnte, da ich nächstes Jahr sehr intensiv dazu benutzen
will, mich auf 1981 vorzubereiten.

Gleichwohl wünsche ich Ihnen viel Glück für Ihr Happening. Man
kann nur hoffen, daß Ihnen nicht am Ende Christo noch die Show
stiehlt und vorher den Erdball einwickelt, so daß Sie außer Christos
Linnen nichts mehr zum Stempeln vorfinden. Man denke nur an die
urheberrechtlichen Komplikationen, zu denen es dann kommen würde!

Oder wenn just an der Stelle, wo Sie stempeln möchten, der Walter
de Maria bis Neuseeland durchgebohrt hätte und dann womöglich von
innen noch das ganze Pazifikwasser hochdrückt.

Alles Gute

und beste Grüße

Ihr

JOHANNES MARIO SIMMEL
SUN TOWER
MONTE-CARLO
MONACO

8 1 79

Sehr geehrter Herr Schweizer :

herzlichen Dank für Ihren Brief vom 3.1.

Wahrlich ein grosses Unternehmen,das Sie da vorhaben.Ich bin

sehr geehrt angesichts der Tatsache,dass Sie als Schriftsteller

mich)
ausgewählt haben,an Ihrer Aktion teilzunehmen.Umso mehr tut es

mir leid,Ihnen mitteilen zu müssen,dass ich Ihrer Aufforderung

leider nicht folgen kann.

Der erste Grund : Arbeitsüberlastung.

Der zweite Grund : Ich glaube nicht mehr an die " Welle von

Einsicht in die eigenen Fähigkeiten " der Menschen,und deshalb

auch - alas - nicht daran,dass " der Glaube an eine positive

Zukunft der Menschheit neu formuliert und aktiviert werden " kann

Näheres Interessantes zu Ihrem Thema und meiner Reaktion finden

Sie in den bekannten Büchern ÜBER DIE DUMMHEIT und DER NEID -

sehr bekannte Werke,deren Autoren mir entfallen sind.

Mit den besten Grüssen und Wünschen

bin ich

stets Ihr Ihnen sehr ergebener

JOHANNES MARIO SIMMEL

Gustav Scholz

Geschäftsführender
Gesellschafter
der Werbeagentur
Zühlke + Scholz GmbH

Herrn
René Schweizer

Oertlingerstr. 153
C H   4057 Basel

1 Berlin 30
Tauentzienstr. 2
Tel. (030) 2 11 80 41
Telex 01-84 179

5 Köln 51
Mehlemer Straße 24
Tel. (0221) 38 06 12
Telex 08-881 904

Berlin,
23-5-79
sch/la

Lieber René,

herzlichen Dank für Deine weiteren Informations-
Unterlagen.

Im Augenblick habe ich mit 2 jungen, berliner Künstlern
Dein Projekt durchgesprochen und sie auch motivieren
können, sich Gedanken und erste Skizzen zu machen.

Dies sollte nun der Zeitpunkt sein, an dem Du vielleicht
nach Berlin kommst, um dem gesamten Unternehmen die
abschliessende und erfolgversprechende Konzeption zu
geben.

Mit diesem Konzept kann man dann - sie verabredet -
mit dem Senat, einmal als Mitveranstalter bzw. evtl.
auch als Sponsor, über Ausfallbürgschaften usw. grund-
legende Gespräche führen.

Wie Du siehst - es wird gearbeitet und sowie die ersten
Gesprächs- bzw. Diskussions-Unterlagen fertig sind, sollten
wir zusammenkommen.

Bis dahin freundliche Grüsse

Mit Bubi Scholz in Berlin

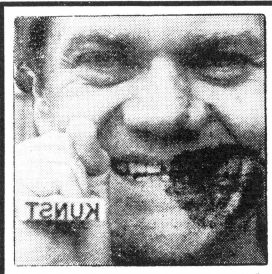

SCHWEIZER LACHER

Berlin — Der Schweizer Spaßvogel René Schweizer will im kommenden Jahr in Berlin den Erdball zum Kunstwerk stempeln. Einen Stempel dafür hat sich der Berufs-Unterhalter bereits angeschafft.

11.4.80

BZ

Bubi Scholz jetzt ein Kunstwerk

11.4.80

BILD-BERLIN

Boxidol Bubi Scholz ist jetzt ein unbezahlbares Kunstwerk. Als Vorgeschmack für seine Weltstempelung (BILD-Berlin berichtete) knallte ihm gestern der Schweizer Künstler René Schweizer (Foto rechts) einen Stempel (Aufschrift: „Kunst") auf die rechte Hand. Schweizer will im Sommer nächsten Jahres vor dem Reichstag die Erde stempeln und mit dieser Aktion ein „kulturelles Erdbeben" auslösen.

Die verrückten Ideen eines ehemaligen Clowns

Der Schweizer, der die Welt zum Kunstwerk macht!

Berlin, 22. Februar In Berlin passiert's: Hier wird, Mitte Juni 1980, die ganze Welt zum Kunstwerk erklärt! Der das macht, ist der 36jährige Schweizer Spaßvogel René Schweizer, der schon durch die verrücktesten Ideen aufgefallen ist.

Der Regierende Bürgermeister, sagt Schweizer, gab schon seinen Segen, vor dem Reichstag wird die Welt mit einer „Stempelmaschine" das Signet „Kunst" aufgedrückt bekommen.

Der ehemalige Berufs-Clown wird sich für seine Aktion einen Riesenbagger mieten, der den Stempel ins Erdreich wuchtet.

Schweizer zur BZ: „Hof-fentlich schaut ganz Berlin bei der historischen Angelegenheit zu."

Schweizer Schweizer möchte schon heute über sein Vorhaben berichten und ein

Stempelt vor dem Reichstag: Der Schweizer René.

Feuerwerk seiner Späße abbrennen — und zwar in der „Tarantel" in der Karl-Marx-Straße 131 (20 Uhr).

1983 will er mit seiner eigenen Partei „SPP" (100 Mitglieder) für die Nationalratswahlen seines Landes kandidieren. Der Spaßmacher: „Dann zeige ich nämlich den Halbintelligenten, was wirklicher Blödsinn ist."

Ach so — „SPP" heißt Schweizerische Plausch-Partei.

Und in seiner Heimat machte er neulich von sich reden, als er an ein Friedhofsamt schrieb: „Mein Großvater ist mir im Traum erschienen und sagte, ihm sei so kalt im Grab. Kann man da keine Heizung einbauen?"

Ernsthafte Rück-Antwort: „Leider nicht — aber die Urnen liegen ohnehin klimageschützt unter der Erde."

Harry Bérard

Der verrückte René Schweizer ist da! Er will in Berlin den Erdball zum Kunstwerk stempeln...

René Schweizer stempelt alles. „Auch Zeitungen sind für mich kleine Kunstwerke", sagt er.
Foto: Volker Möbius

rie. Berlin, 22. Februar

● Der verrückte René Schweizer (das ist der Typ, der mal einem Fundbüro den Verlust seines Verstandes meldete) macht jetzt ernst: Er will in Berlin tatsächlich den Erdball zum Kunstwerk stempeln.

Er ist seit gestern in der Stadt, um seine Stempelaktion vorzubereiten.

Schweizer sagt: „Bürgermeister Stobbe war von meiner Idee ganz begeistert. Nur wohin das Kunstwerk kommt, weiß er noch nicht." (BILD-Berlin berichtete über den Brief des Witzboldes an den Regierenden.)

Und so stellt sich René das Ganze vor: Im Juni rollt er mit einem kunterbunt angestrichenen Bagger an — vorn ist eine eiserne Stempelplatte festgeschraubt.

Eine ein mal zwei Meter große Eichenplatte bekommt dann mit dem Riesenstempel den Aufdruck „Kunst" verpaßt.

Von Berlin aus soll der Bagger (von Schweizer auf den Namen Georges Gagger I. getauft) in andere Städte, um auch dort die Erde zu stempeln...

Heute um 20 Uhr tritt René übrigens in der Tarantel (Karl-Marx-Straße 131) auf, um über weiteren Irrsinn zu berichten.

Besprechung mit Guido Baumann und dem Eisenplastiker Freddy Madörin

Der größte Clown der Schweiz gründet eine Partei

„Eine Super-Talkshow auf dem Matterhorn?"

Von Hans E. Albert

Hamburg — Fühlen Sie sich als Künstler, als Spielenatur, als Marx-Brothers-Fan, also als Komiker, oder sind Sie Bezieher von Arbeitslosen-Unterstützung? Wenn ja, können Sie auch als Deutscher Ehrenmitglied einer eidgenössischen Partei werden. Das Basler Unikum Rene Schweizer (34) hat neulich gerade die „Schweizerische Plausch-Partei" gegründet. Die SPP. Aufnahmebeitrag: Zehn Fränkli.

Schweizer ist berühmt-berüchtigt geworden als öffentlicher Clown, der Ämter mit absurden Briefen bombardiert.

So schrieb er an die Basler Kripo: „Ich habe in die Hose geschissen und möchte Sie gerne anfragen, ob das ein Offizialdelikt ist."

Ein anderes Beispiel für seinen Vorwitz: Die Steuerrechnung seines Heimatkantons schickte Schweizer mit den Worten zurück: „Ich weiß gar nicht, woher Sie das Recht ab-

leiten, das Territorium, auf dem ich mich bewege, als das Ihre zu betrachten und Geldforderungen darauf zu erheben."

Schließlich bewarb sich der Gag-Mann („Ich war früher begeisterter Radler") beim Basler Theater als Regisseur. Der Intendant antwortete postwendend: „Obwohl es in diesem Beruf viele Radfahrer gibt, haben wir im Moment leider keinen Bedarf."

Wen wundert's da noch,

wenn der Ulk-Artist, der sich auch als „Kaiser von China" ausgibt, demnächst eine Super-Talkshow plant — auf dem Matterhorn.

Trotz allem Unfug: Schweizer will sich demnächst mit seiner SPP an regionalen und nationalen Wahlen beteiligen. Sein Ziel: „Diejenigen an die Urnen bringen, die sich sonst dort nie blicken lassen, weil ihnen das Theater, welches die üblichen politischen Parteien aufführen, zu lächerlich vorkommt."

Beitrittsunterlagen erhalten Sie bei Rene Schweizer persönlich: Öttlingerstraße 153 in 4057 Basel/Schweiz

---

Gegen Wunderheiler Müller wird wegen Betrugs ermittelt

Was Wunderheiler kassieren — aber nicht verdienen

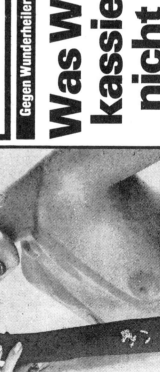

Hamburg — Wunderheiler Ku...

Wie alle „großen Meister" seiner Zunft schreibt Müller meistens keine Rechnungen. Er läßt sich geben, was den Kranken ihre Gesundheit wert ist — und das ist viel!

Professor Hans Bender, berühmter Chef des „Freiburger Instituts für Grenzgebiete der Psychologie", erklärt: „Ich glaube Müller nicht. Diagnosen aus dem Jenseits sind undenkbar!"

Viele verzweifelte kranke Menschen jedoch sehen in den Wunderheilern ihre letzte Hoffnung.

In der Nachkriegszeit ließ Wunderheiler Bruno Gröning sein Bankkonto durch den Vertrieb von besprochenen Stan-

Briefe ans Amt
René Schweizers Witz-Solo in Fürth

Ein Schweizer namens Schweizer sorgt seit Jahren für Aufregung und Heiterkeit in Amtsstuben und Büros; er ist ein Schreibtischtäter, der seine witzigen Anschläge per Post ausführt. Bei der Friedhofsverwaltung fragte er höflich nach einer Grabheizung für seinen verstorbenen Großvater an, dem es im Grab zu kalt ist; beim Fundamt meldete er, daß er seinen Verstand verloren habe, rot mit gelben Tupfen, der auf den Namen Erwin höre. Den Bundespräsidenten schrieb er an, ob er ihm ein gefundenes Taschentuch mit den Initialen des Präsidenten zuschicken solle. Bei den Antworten wiehert natürlich der Amtsschimmel gewollt und ungewollt vor Vergnügen.

René Schweizer las im erstaunlich gut besuchten Fürther Theater aus seiner wahnwitzigen Korrespondenz — und dieser Wahnwitz hat Methode. Bürokratismus und Humorlosigkeit sind das erklärte Angriffsziel der Schweizer-Streiche. Und damit hat er automatisch das ganze Publikum auf seiner Seite, denn wer hätte sich noch nie über amtlichen Papierkrieg geärgert? An René Schweizers Briefwechsel, der ansonsten nur ein zeitloser Aprilscherz wäre, ist vor allem zweierlei bemerkenswert: zum einen sind all diese Briefe echt, also nicht fiktiv, und manche Antworten überraschen durch die Schlagfertigkeit der Beamten. Zum anderen ist besonders die Person Schweizer ein Phänomen: der Brandstifter mit dem Aussehen eines Biedermanns sieht seine Haupttätigkeit darin, Leute auf den Arm zu nehmen. Das wäre an sich ja nichts Besonderes, denn heute hat man sich schon fast daran gewöhnt, daß einem das ständig und auf allen Gebieten passiert. Erstaunlich nur die Offenheit, mit der der ehemalige Scheckbetrüger dies tut. Um seine diffuse Theorie einer humorvolleren Welt zu verbreiten, hat er „Gaga" erfunden, die „Organisation zur Verblüffung des Erdballs". Auch eine „Schweizerische Plausch-Partei" hat dieser moderne Till Eulenspiegel bereits gegründet, mit der er den großen Prozentsatz der notorischen Nicht-Wähler ansprechen will, denen normalerweise Wahlen zu blöd sind. Demnächst will er mit einem gigantischen Stempel die Erde stempeln und den Erdball pauschal zum Kunstwerk erklären.

Schweizer übt mit seinen Aktionen keine konkrete Kritik an Zuständen, offensichtlich glaubt er nicht, daß man die Welt verbessern kann — also macht er sich einfach lustig über sie, und so betrachtet ist er vielleicht ein wirklicher Humorist auf der Bühne und im Leben. Und damit ist er auch gar nicht so harmlos, wie es auf den ersten Blick scheint.   radl

FÜRTHER NACHRICHTEN 4.3 80

bandzeitung
— Uhr Blatt
3.3.80

Am Rande des Irrsinns
Rene Schweitzers Nonsens-Solo im Fürther Theater

Unsere eidgenössischen Nachbarn haben einen neuen Exportartikel. Nachdem die Nachfrage nach Vico Torriani und Heidi zurückgegangen ist, schicken sie ein Kuckucksei auf Reisen, das sie mit masochistischer Liebe ausgebrütet und hochgepäppelt haben; Rene Schweitzer, der Mann, der mit seinen Briefwechseln den Amtsschimmel kräftig zum Wiehern brachte, gastierte in Fürth.

Um drei Dinge sind die Schweizer wirklich zu beneiden: um ihre Neutralität, ihren Käse und um ihre Originale. Um den Rene Schweitzer zum Beispiel: Man stelle sich nur einmal vor, jemand setzt sich hin und schreibt an ein deutsches Fundbüro einen Brief, daß er seinen Verstand verloren hätte. Oder er bittet, um ein neues Leben anfangen zu können, um Aufnahme in einen städtischen Kindergarten. Und dann macht er aus diesen Briefen auch noch ein Buch und veranstaltet Lesungen. Unvorstellbar? Eben.

Nichts anderes aber macht Rene Schweitzer. Auf allen Gebieten, so stellt er fest, herrscht ein relatives Gleichgewicht; nur nicht zwischen Seriosität und Humor. Und so bringt er das Kunststück fertig, zwei Stunden lang das Publikum am Rande des Irrsinns entlangzuführen. Er ver-rückt die Realität; und kaum einer, der ihm da nicht willig folgen würde. Wohin? Ins goldene Zeitalter des Gagaismus natürlich. Wohin sonst?   hebbe

135

Kölner Treff: Paule griff zum Schwert

Bayern-As als Talkmaster

exp Köln—Jetzt ist der Ober-Gagaist" und Gründer der „UN-Art"-Bewegung René Schweizer („Ich habe schon meinen Verstand beim Fundbüro als verloren gemeldet") endgültig ein berühmter Mann. In der Talk-Show „Kölner Treff" wurde er von Paul Breitner zünftig mit Urkunde und Schwert „berühmt"-gesprochen.

Paul Breitner selbst blieb bescheiden. In der Verleihungsurkunde strich er sich selbst das Prädikat „Weltklasse-Fußballer". Breitner: „Darauf kann man getrost verzichten."

Der Münchner selbst präsentierte sich anschließend als Talkmaster und interviewte den Bergsteiger Reinhold Messner. Breitner: „Wir sind Typen, wir passen zusammen." Gastgeber Dieter Thoma beruhigte der Bayern-Kapitän: „Wenn Sie arbeitslos werden, besorge ich Ihnen einen Job bei den Bayern — als Stadionsprecher..."

Paul Breitner und Moderatorin Elke Heidenreich bei der „Berühmtsprechung" von René Schweizer. Bild: WDR

Zürich, 25.4.1981

Lieber René,

Vielen Dank für Ihren Brief betreffend des "Puff-Stipendiums" und die "Un-Art Ausstellung". Als ein neuer Gagaist kann ich Ihnen schriftlich bestätigen, dass Ihr "Ein Schweizerbuch" mir eine ganze Nacht mit endlosem Lachen beschehrt hat.

Ihr Buch hat den Beweis erbracht, dass die Fantasie der Realität nicht gewachsen ist, und anscheinend besonders in Ihrem Fall.

Ich würde mich sehr über jede neue Veröffentlichung freuen und verbleibe

mit brüderlichen Grüssen

EPHRAIM KISHON
8004 ZÜRICH BADENERSTR. 420
RESIDENCE WOHNUNG 3247
TEL (01) 52 48 22

Uebertragung des nachstehenden anonymen Briefes, den ich anno
1979 als Reaktion auf einen Artikel, den der "Beobachter" mir
gewidmet hat, erhalten habe. (Der Artikel war positiv für mich
und zum grössten Teil aus meiner eigenen Feder)

"Gallushof im Herbst des Jahres der Blöffer.
Lieber René, Du hast eine Selbstbiographie von Dir gegeben,
mit der Du Deiner Aufschneiderphilosophie einen kleinen
Dienst erweisen wolltest. Wie andere in ähnlicher Haut hast
Du das dringende Bedürfnis zu scheissen & so ein Stück von
Dir abzulegen. Deinen stinkigen Dreck machst Du im Unterschied
zu den Normalen auf ein übervoller Feinschmeckerteller auf
sauberem, von ehrlichen Handwerkern gezimmerten und besticktem Leinen gezierten Tisch, Du Mistfink. In jedem andern Land
hätte man einem so arroganten Dreckschleuderer mit Diebesklauen längst seine geifernde Affenschnorre zusammengeschlagen und mit Recht. Mit Deiner widerlichen Ausscheidung bringst
Du selber den Beweis wie Webstubenreif Du bist. Deine Alte
hat Dir wohl entsprechende Gassenhauer gesungen und nun fagan-
test Du mit einem von saudreckigen Sudelfingern beschmutzten
Schweizerpass in aller Welt herum um eine Heimat zu versauen
die als einzige dieser Welt ihre Menschen leben lässt nach
ihrem Gutdünken, sogar Nestbeschmutzer wie Du einer bist.
Warst ja schon in der Schule ein mieser Querulant u. hast mit
dem Geld ehrlicher Steuerzahler herumgehockt um schreiben zu
lernen. Solche Idioten haben wir nicht nötig um miteinander
leben zu können. Unsere Strafanstalten sind auch ohne solche
zu klein, ohne dass die Jungens von solchen Misthähnen noch
angeseicht werden. Was Du herumgeiferst stinkt wie Jauche und
Deine Salmonellen vergiften den Boden für jedes Saatgut. Ein
Wurmapfel wäre eine Delikatesse im Vergleich zu Deinem Mist
mit dem Du Dich wichtig zu machen suchst. Dir sollte längst
unser Bürgerrecht entzogen werden, in China hätte man Dir
die schmutzige Kläffe längst zusammengeschlagen und mit Recht.
Dass Dein Gott mit seinen Barthaaren Deinen Aufhängestrick
dreht bevor Du noch mehr saubere Tische überschissen hast
wünscht Dir ein Schweizerknabe der Dich sofort nach Teheran
spedieren würde wo ein Affe wie Du willkommen wäre um Schwein-
würste daraus zu machen. Sogar die Schlangen würden damit vergiftet werden können."

Gallushof im Herbst des Jahres der Pflöffer.

Lieber René, Du hast eine Selbstbiographie von Dir gegeben mit der Du Deiner Aufschneider philosophie einen kleinen Dienst erweisen wolltest. Wie andere in ähnlicher Kunst hast Du das drängende Bedürfnis zu scheissen d.h. ein Stück von Dir abzulegen. Deinen blutigen Dreck malst Du im Unterschied zu den Normalen auf ein übervolles Feinschmeckerteller auf saubereu von ehrlichen Handwerkern gezimmerten und mit besticktem Leinen gezierten Tisch, Du Mistfink. In jedem anderen Land hätte man einen so arroganten Dreckschleuderer mit Diebesklauen längst seine geiferude Affenschnorre zusammen eng erschlagen und mit Recht. Mit Deiner widerlichen Ausscheidung bringst Du selber den Beweis wie Webstubenreif Du bist. Deine Alte hat Dir wohl entsprechende Gassenhauer gesungen und nun faqautest Du mit einem frou sandreckigen Sudelfingern beschmutzten Schweizerpass in aller Welt herum um eine Heimat zu versauen die als einzige dieser Welt ihre Menschen leben

lässt nach ihrem Gutdünken, sogar Mest beschmutzer wie Du einer bist. Worst ja schon in der Schule ein mieser Querulant & hast mit dem Geld ehrlicher Henzzuhler herumgehockt um schreiben zu lernen. Solche Idioten haben wir nicht nötig um miteinander leben zu können. Unsere Strafanstalten sind auch ohne solche zu klein, ohne dass die Jungens von solchen Mut- hühnen noch angesteckt werden. Was Du herumzeiferst stinkt wie Jauche und Deine Salmonellen vergiften den Boden für jedes Saatgut. Ein Wurmapfel wäre eine Delikatesse im Vergleich zu Deinem Mist mit dem Du Dich wichtig zu machen suchst. Dir sollte längst unser Bürgerrecht entzogen werden, in China hätte man Dir die schmutzige Kläffe längst zusammengeschlagen und mit Recht.
Dass Dein Gott Dir mit seinem Barthaaren Deinen Aufhängestrick dreht bevor Du noch mehr saubere Tische überschissen hast wünscht Dir ein Schweizerjunge der Dich sofort nach Teheran spedieren würde wo ein Affe wie Du willkommen wäre um Schweineweste daraus zu machen. Sogar die Schlangen würden damit vergiftet werden können.

Familie Wepf   Schreibstübli und Lichtbildnerei
Villa Müslischreck
CH-6042 Dietwil AG
Tel. 041 912 950

Elsi Wepf   Bildjournalistin
Redaktion *Schweizer Garten*

Alfred R. Wepf   Motorjournalist und Fotograf
Redaktion MOTORRAD
SCHWEIZ
Redaktion DER KOLBENFRESSER
Spezialist für nichtalltägliche
Vehikel und technische Nostalgie

RADIO DRS
Das prominente Mikrofon
Postfach
3000   B e r n   14
----

10. März 82 ARW

Betr. "Das prominente Mikrophon" vom 9. März (René Schweizer)

Sehr geehrte Herren,

ich habe gestern im Auto diese wohltuend erfrischende
Sendung gehört und möchte mir gerne sowohl die geist-
reichen Sprüche Ihres Studiogastes René Schweizer wie
auch die gelungene Musikauswahl aufbewahren. Es ist ein
Genuss, dass am Schweizer Radio nebst unendlich ermüdendem
Problem-Gefasel, Konzeptitis, Rhätoromanisch, Leitungsmessun-
gen und anderen chronischen Krankheiten auch noch solch
unbeschwerte unterhaltende Sendungen immer noch Platz
haben, danke!

Als Beilage sende ich Ihnen eine Tonbandkassette und
10 Franken nebst Retourkuvert und bitte höflich, "Das
Prominente Mikrophon" mit René Schweizer zu überspielen.
Falls das nicht reicht, bitte ergänzende Rechnung oder
Nachnahme.

Mit freundlichen Grüssen

Ihr

Alfred R. Wepf

Kanton Aargau

Kuratorium
für die Förderung
des kulturellen Lebens

Sekretariat:
Vordere Vorstadt 13
5001 Aarau
Telefon 064 22 72 41

Herrn
René Schweizer
Oetlingerstr. 153

4057 <u>Basel</u>

Ihr Zeichen: Unser Zeichen: Ka/vh   Datum 25. Juni 1980

<u>Werkjahre 1980 - Literatur</u>

Sehr geehrter Herr Schweizer

Sie haben sich im Rahmen der diesjährigen Werkjahrausschreibung
um einen Beitrag beworben. Leider müssen wir Ihnen mitteilen,
dass Ihr Gesuch nicht berücksichtigt werden konnte. Die diesjährigen Beitragsempfänger werden demnächst in der Presse publiziert.

Wir bitten Sie um Kenntnisnahme. Allfällige Gesuchsunterlagen
werden mit separater Post retourniert.

Mit freundlichen Grüssen

Kuratorium - Sekretariat

W. Karrer

PRO HELVETIA

Hirschengraben 22
CH-8001 Zürich
✆ 01 251 96 00
Telex 56969

Herrn
René Schweizer
Oetlingerstrasse 153

4057 B a s e l

I.Z./v.r.   U.Z./n.r. PK/br   Zürich, 16. Juli 1980

Werkaufträge / Förderbeiträge 1980

Sehr geehrter Herr Schweizer,

der Leitende Ausschuss hat in seiner Sitzung vom 3.7.80
über die Anträge der sogenannten Literarischen Kommission und hierauf der zuständigen Fachgruppe beraten und
für die Werkaufträge bzw. Förderbeiträge 1980 seine Be-
schlüsse gefasst.

Wir bedauern sehr, Ihnen mitteilen zu müssen, dass Sie
dabei nicht in die engere Auswahl genommen worden sind.
Der Leitende Ausschuss musste auch mit dem für 1980 er-
höhten Förderungskredit, angesichts der zahlreichen Be-
werbungen, haushälterisch umgehen und möchte betonen,
dass er mit seinem Beschluss Ihr Schaffen nicht abwer-
tend beurteilt haben will.

Wir bitten Sie um freundliches Verständnis für diese
enttäuschende Mitteilung und grüssen Sie, sehr geehrter
Herr Schweizer, mit vorzüglicher Hochachtung und unsern
besten Wünschen.

PRO HELVETIA

i.V.

ACHTUNG !

SICHERN SIE SICH JETZT SCHON

BAND 3

Im Herbst 1982 erscheint Band 3 des SCHWEIZER-
BUCHES: weitere Briefe an Behörden und andere
seltsame Erscheinungen des Diesseits...

Wenn Sie <u>jetzt</u> bestellen, erhalten Sie jedes
einzelne bestellte Exemplar mit eigenhändiger
Unterschrift des Autors und Herausgebers.

Dieses Angebot gilt für Bestellungen, die bis
zum <u>15. Oktober 1982</u> eingegangen sind.

Adressieren Sie Ihre Bestellung an:

René Schweizer Verlag
Bärenfelserstrasse 36
4057 <u>Basel</u>

UND VERGESSEN SIE NICHT:

NIEMEREM SAGE
SCHWARTEMAGE